KB267114

왕초보
중국어
급상승

첫걸음편

왕초보 중국어
급상승 [첫걸음편]

저　자 김선화
발행인 고본화
발　행 반석출판사
자회사 탑메이드북
2016년 1월 1일 초판 1쇄 인쇄
2016년 1월 5일 초판 1쇄 발행
반석출판사 | www.bansok.co.kr
이메일 | bansok@bansok.co.kr
블로그 | blog.naver.com/bansokbooks

157-779 서울시 강서구 양천로 583번지 B동 904호
　　　　(서울시 강서구 염창동 240-21 우림블루나인 비즈니스센터 B동 904호)
대표전화 02) 2093-3399 팩　스 02) 2093-3393
출 판 부 02) 2093-3395 영업부 02) 2093-3396
등록번호 제 315-2008-000033호

Copyright ⓒ 김선화

ISBN 978-89-7172-784-3 (13720)

■ 본 책은 반석출판사에서 제작, 배포하고 있습니다.
■ 교재 관련 문의: bansok@bansok.co.kr을 이용해 주시기 바랍니다.
■ 이 책에 게재된 내용의 일부 또는 전체를 무단으로 복제 및 발췌하는 것을 금합니다.
■ 파본 및 잘못된 제품은 구입처에서 교환해 드립니다.

왕초보
중국어
급상승

첫걸음편

**안녕하세요.
왕초보 중국어 급상승 저자 김선화입니다.**

한국과 중국의 교류가 갈수록 더 활발해지고, 중국으로 공부를 하러 가거나, 중국에 진출하고 있는 국내 기업도 크게 늘고 있습니다. 제2외국어로 중국어를 배우는 추세는 이미 오래되었습니다.

이제 중국어는 선택이 아니라 필수라고 생각하는 분들도 많아지고 있습니다. 실제로 중국어 사용 인구(약 12억)는 세계 공용어인 영어 사용 인구(3.5억)보다 훨씬 많습니다. 중국 인구는 13.5억 이상이며 대만, 싱가포르 등 해외에 거주하고 있는 화교까지 감안한다면, 세계 인구 중 약 5명 중 1명이 중국어를 사용한다고 볼 수 있습니다. 아직 중국어 공부를 망설이고 계시다면, 더 늦기 전에 중국어 학습 대열에 참여해보시는 것이 어떨까요?

저는 지난 10여 년 동안 중국어를 가르치면서 어떻게 하면 학습자들에게 쉽게 중국어를 전달할 수 있을까 고민을 많이 했습니다. 이 책은 발음부터 인사말, 자기소개 및 일상생활에서 쓸 수 있는 표현을 쉽게 전달하여, 처음 중국어를 접하는 학습자에게 좋은 길잡이가 될 것입니다.

여러분의 중국어 학습의 시작을 함께하게 되어 기쁘게 생각합니다. 여러분과 소통할 수 있도록 기회를 주신 반석출판사의 이원준 대표님과, 교정을 도와주신 소열녕 선생님, 조인화 선생님, 주미화 선생님, 그리고 늘 묵묵히 응원해주고 큰 힘이 되어 주는 가족들에게 감사의 말을 전하고 싶습니다.

2015년 12월
저자 김선화

차례

Part 06 가벼운 수다

부록_ 초급자를 위한 중국어 학습 방법에 대한 Tip

우선 본격적인 공부에 들어가기 전에 어떤 내용을 배울 것인지 연상해봅니다.

Step 1 에서는 핵심 문장 5문장을 익힙니다. 처음 배우는 학습자들의 발음에 대한 부담감을 덜기 위해 한국어 발음도 최대한 원어 발음과 비슷하게 적어 두었습니다.

* 중국어는 성조가 있고, 한국어 발음에는 없는 발음이 매우 많습니다. 한국어 발음은 참고만 하시고, 반드시 원어 발음을 듣고 연습하세요.

[바로바로 써먹는 핵심표현] 오른쪽 면에는 단어 및 표현에 따른 상세한 설명이 이어집니다. 사전적인 의미와 어법 내용에 치우치지 않고 실제로 어떻게 쓰이는지 설명하고, 초급자들이 궁금해 하는 유용한 해설을 실었습니다.

Step 2 에서는 앞에서 배운 5문장을 다양한 상황에 맞게 대화하는 형식으로 배운 문장을 다시 복습해보고, 추가 표현도 배울 수 있습니다. 오른쪽에 있는 표현에 따른 해설 및 문화 Tip도 놓치지 마세요.

Step 3 에서는 그 과에서 배운 내용을 확실히 알고 있는지 스스로 체크해 봅니다. 한어병음을 소리 내서 읽어보고 무슨 뜻인지 알 수 있다면 어느 정도 성공입니다. 다음 단계는 한국어 문장을 보고 중국어로 말할 수 있는지 확인해봅시다.

매 파트가 끝나면 쉬어가는 코너로, 초급자들이 궁금해 하는 중국어 어법, 중국어 및 중국에 대한 문화를 소개합니다.

워밍업_ 중국어 발음 속성으로 익히기

영어를 배울 때 알파벳을 먼저 익히듯이, 중국어도 자음과 모음, 받침 같은 성모와 운모를 먼저 익힙니다. 중국어는 매 글자마다 고유의 음인 '성조'가 있는데, 총 4개의 성조로 각 성조를 정확하게 익힌다면 따로 악센트나 억양을 연습하지 않고도 정확한 발음을 하는 데 도움이 될 수 있습니다.

Unit 01 중국어 구성 및 성조 연습

Unit 02 중국어 성모 연습

Unit 03 중국어 운모 연습

Unit 04 성조 변화 연습

중국어 구성

중국어는 한자로 표기하는데, 한자만 보고는 어떻게 발음하는지 알 수 없으므로, 로마자 기호를 이용한 발음기호인 '한어병음(汉语拼音)'을 사용합니다. 한어병음은 우리말 자음에 해당하는 성모 21개와 우리말의 모음과 받침에 해당하는 38개의 운모, 그리고 성조로 구성되어 있습니다.

한어(汉语): 중국의 50여 개 민족 중 90% 이상을 차지하고 있는 한족(汉族)들이 쓰는 언어라고 해서, 중국어를 汉语라고 합니다.

중국어 한자와 우리가 쓰는 한자는 조금 다릅니다. 예를 들어 '나라 국' 자인 國은 중국어로 '国 guó'로 표시합니다. 원래 우리가 쓰고 있는 정자(正字)인 '번체자'를 사용했는데, 1956년부터 기존의 한자를 간화시킨 '간체자'를 사용하기 시작했습니다. 현재 중국 대륙에서는 '간체자'를 사용하며, 대만이나 홍콩 등에서는 여전히 번체자를 사용하고 있습니다.

Q: 한자 너무 어려운데, 중국어 잘할 수 있을까요?

한자는 총 5만여 개가 있다고 하는데요, 중국어에서 실제로 빈번하게 사용되는 한자는 약 2천여 개 정도입니다. 한국에서 중고등학교를 거치면서 약 1,800개의 한자를 배우게 되는데요. 처음 중국어를 배울 때는 간체자도 좀 생소하고, 한자에 대해 막연하게 두려움을 가지게 되는데, 배우다 보면 우리말에서 쓰는 한자와 동일하거나 비슷한 단어들도 있어서 생각만큼 어렵지는 않습니다. 또한 언어는 쓰는 것도 중요하지만 말하는 것이 더 중요합니다. 처음부터 한자 쓰기에 너무 얽매이지 말고, 음성으로 표현 위주로 연습해보세요.

중국어 성조

중국어는 매 글자마다 고유의 높낮이가 있는데 이를 '성조(声调)'라고 합니다. 총 4개의 성조가 있으며, 아무것도 표시되지 않은 성조는 '경성'이라고 합니다.

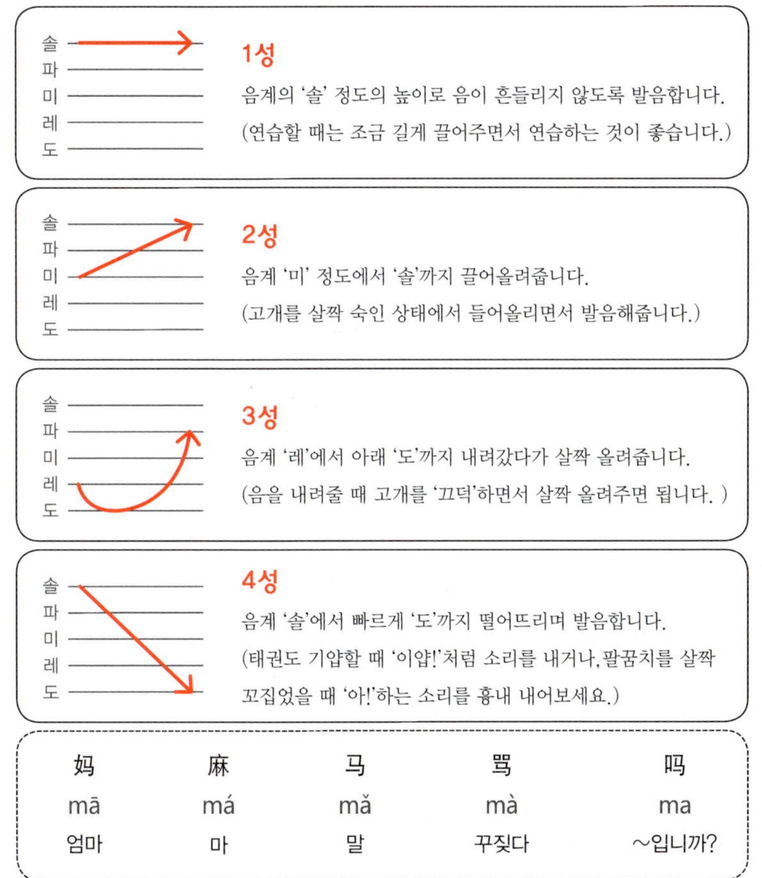

妈	麻	马	骂	吗
mā	má	mǎ	mà	ma
엄마	마	말	꾸짖다	~입니까?

* 같은 발음이어도 성조에 따라 뜻이 완전히 달라지기도 합니다. 정확히 발음하지 않으면, 상대방에게 잘못된 의미를 전달할 수 있는 것은 물론, 전반적인 중국어 발음에 큰 영향을 줄 수도 있습니다. 처음 배울 때 천천히 하더라도 정확하게 발음하는 습관이 중요합니다.

중국어 성모는 총 21개로 우리말 자음과 비슷합니다.

| **b[bo]** 뽀어 | **p[po]** 포어 | **m[mo]** 모어 | **f[fo]** 포어 |

* 두 입술에서 나는 소리로 'o'를 '오어'라고 발음하는데, '어'를 아주 약하게 발음하세요.

b 1성과 4성의 경우에는 'ㅃ'에, 2성, 3성, 경성의 경우에는 'ㅂ'에 좀 더 가깝게 소리가 납니다.

ex) bàba 빠바 **爸爸** 아빠

f 윗니를 아랫입술에 살짝 데었다가 떼면서 발음하는데, 영어의 'f'처럼 발음해보세요.

ex) kāfēi 카페(f)이 **咖啡** 커피

| **d[de]** 뜨어 | **t[te]** 트어 | **n[ne]** 느어 | **l[le]** 르어 |

* 혀끝을 윗니 뒷부분에 데었다가 떼면서 발음합니다. 'e'를 '으어'로 발음하는데, '으'를 아주 약하게 발음하세요

d 1성과 4성의 경우에는 'ㄸ'에, 2성, 3성, 경성의 경우에는 'ㄷ'에 좀 더 가깝게 소리가 납니다.

ex) dídi 띠디 **弟弟** 남동생

l 혀끝을 윗니 뒷부분에 데었다가 떼면서 발음하는데, 'r'과 구분해서 발음해야 합니다.

| **g[ge]** 끄어 | **k[ke]** 크어 | **h[he]** 흐어 |

g 우리말의 'ㄲ'나 'ㄱ'에 가깝게 소리가 발음됩니다. (1성과 4성의 경우에는 'ㄲ'에, 2성, 3성, 경성의 경우에는 'ㄱ'에 좀 더 가깝게 소리가 납니다)

ex) gēge 끄어거 **哥哥** 형이나 오빠

zh[zhi] 즈   **ch[chi]** 츠   **sh[shi]** 스   **r[ri]** 르

'권설음(圈舌音)'으로, 혀를 굴리면서 발음합니다. 'i'를 '으'에 가깝게 발음하는데, 입을 양 옆으로 살짝 벌려서 발음해주세요. 영어 알파벳 'r'을 발음할 때처럼 혀를 말아올리며 각각 '즈, 츠, 스, 르'의 발음을 해보세요.

ex) chīfàn 츠(ch)판(f) 吃饭 밥을 먹다

z[zi] 쯔   **c[ci]** 츠   **s[si]** 쓰

'설치음(舌齒音)'으로 혀끝을 윗니 천장에 대면서 발음합니다. 'zh, ch, sh, r'를 발음할 때보다 입을 양옆으로 더 벌려서 발음해줍니다.

- **z** 우리말의 '쯧쯧쯧'을 발음할 때처럼 혀끝을 윗니 천장에 대면서 발음해보세요.
- **s** 혀끝이 천장에 닿을 듯 말듯 하며 '쓰'를 발음해보세요.

  ex) shísì 스(sh)쓰 十四 숫자 14

j[ji] 지   **q[qi]** 치   **x[xi]** 시

- **q** 영어의 'q'와 혼동하여, 'ㅋ'으로 발음하지 않도록 주의합니다.

- **x** '씨'로 발음하지 않도록 주의하세요.

  ex) Xièxie 시에시에 谢谢 고맙습니다

잠깐만요!!

위의 zhi chi shi ri zi ci si에 붙은 i만 '으'로 발음되고, ji qi xi를 포함한 그 밖의 성모와 만난 'i'는 모두 '이'로 발음됩니다.

예: bi pi mi di ti ni

1. a로 시작되는 운모

a 아　　　**ai** 아이　　　**ao** 아오　　　**an** 안　　　**ang** 앙

- ai: '애'로 축약해서 발음하지 않도록 주의하세요.

2. o로 시작되는 운모

o 오어　　　　**ou** 어우　　　　**ong** 옹

3. e로 시작되는 운모

e 으어　　　**ei** 에이　　　**er** 으얼　　　**en** 으언　　　**eng** 으엉

- 단운모 'e'는 '애'가 아닌 '으어'라고 발음되며, '으'는 약하게, '어'의 소리가 더 강합니다.
- * ei, ie처럼 e가 다른 알파벳 모음과 만나면, '에'로 소리가 난다는 것도 꼭 기억해두세요!

4. i로 시작되는 운모

ia 이아　　　**iao** 이아오　　　**ie** 이에　　　**iu(iou)** 이어우　　　**ian** 이앤

iang 이앙　　　**in** 인　　　**ing** 잉　　　**iong** 이옹

- ia: 중국어는 우리말처럼 축약해서 잘 발음하지 않습니다. '이아오'를 '야오'라고 발음하지 않도록 주의하세요!!
- iu(iou): 'iu'는 원래는 'iou'의 형태로, 다른 성모와 만나면 'o'가 생략되어서 '성모 + iu'로 표기합니다. 가운데 'o'가 생략된 형태이기 때문에, 표기에서 보이지는 않지만 생략된 'o' 발음도 해줘야 합니다. '이어우' 발음에 가까운데, '어'는 성모와 성조에 따라 아주 약하게 발음되는 경우가 많습니다.
- ian: 'ian'은 모음 ' i '와 'an'과 만난 것인데, '이안'이라고 하지 않고 '이앤'이라고 한다는 것을 반드시 주의해서 발음해야 합니다.

* 'i'나 혹은 'i'로 시작되는 운모가 다른 성모와 결합하지 않고, 단독으로 사용될 때 'y'를 덧붙이거나, 'i'를 'y'로 바뀌어 표기합니다.

i	ia	iao	ie	iou	ian	in	iang	ing	iong
yi	ya	yao	ye	you	yan	yin	yang	ying	yong

5. u로 시작되는 운모

u 우	**ua** 우아	**uo** 우어	**uai** 우아이	**ui(uei)** 우에이
uan 우안	**uang** 우앙	**un** 우언	**ueng** 우엉	

- ui (uei): 'ui'는 원래는 'uei'의 형태로, 다른 성모와 만나면 'e'가 생략되어서 '성모 + ui'로 표기합니다. '우이'가 아닌 '우에이'로 발음한다는 것을 반드시 주의해야 합니다.
- un(uen): 우리말의 '우언'에 가깝게 발음하는데, '어'의 소리는 아주 약하게 발음합니다.

* 'u'나 혹은 'u'로 시작되는 운모가 다른 성모와 결합하지 않고 단독으로 사용될 때, 'w'를 덧붙이거나 'u'를 'w'로 바뀌어 표기합니다.

u	ua	uo	uai	ui(uei)	uan	un(uen)	uang	ueng
wu	wa	wo	wai	wei	wan	wen	wang	weng

6. ü로 시작되는 운모

ü 위	**üe** 위에	**üan** 위엔	**ün** 윈

- 운모 'ü'는 우리말의 '위'처럼 발음하는데, 입 모양을 동그랗게 오므리고 움직이지 않아야 한다는 차이점이 있습니다. 원래는 'u' 위에 점 두 개가 찍힌 표기로 되어 있지만, 'ü'가 홀로 쓰이거나(이때는 y가 덧붙여짐) 성모 'j, q, x'와 만나면 'u' 위의 점 두 개가 생략됩니다. 'u' 위에 두 개의 점이 없어지기 때문에, 표기만 보고 '우'라고 발음하는 학습자들이 적지 않습니다. 반드시 'u' 운모와 구분해서 발음해야 합니다. 따로 외워두거나 연습해두지 않으면 틀리게 발음할 수 있으니, 아래 표를 보고 충분히 연습해두세요.

yu(위)	yue(위에)	yuan(위엔)	yun (윈)	ju(쥐)	jue(쥐에)	juan(쥐엔)	jun(쥔)
qu(취)	que(취에)	quan(취엔)	qun(췬)	xu(쉬)	xue(쉬에)	xuan(쉬엔)	xun(쉰)

1. 3성의 성조 변화

3성은 네 개의 성조 중 가장 낮은 음역대에 있는 성조로, 3성이 연이어 두 개 이상 나올 때는 앞의 3성을 2성을 바꾸어 발음해줍니다. 이때, 실제 성조 표기는 변하지 않습니다.

> **3성 + 3성 → 2성 + 3성**
>
> 你好。Nǐ hǎo. → Ní hǎo. **안녕하세요.**

2. 不, 一의 성조 변화

대표적인 부정부사인 '不 bù'는 원래 4성인데, 뒤에 4성을 만나면 2성으로 바꿔서 발음해줍니다.

> **不 bù + 1, 2, 3성 → bù로 발음**
>
> **+ 4성 → bú로 발음**

不吃。Bù chī. 안 먹어요.

不客气。Búkèqi 별 말씀을요.

숫자 '一 yī'는 원래 1성인데, 뒤에 1, 2, 3성을 만나면 4성으로, 뒤에 4성을 만나면 2성으로 바꿔서 발음해줍니다.

> **一 yī + 1, 2, 3성 → yì로 발음**
>
> **+ 4성 → yí로 발음**

一年 yìnián 1년

一样 yíyàng 같다

3. 경성의 성조 변화

경성(轻声)은 '가벼운 소리'라는 뜻으로 성조를 따로 표시하지 않으며, 짧고 가볍게 소리를 내주면 됩니다. 일반적으로 단어가 중첩될 때, 혹은 접미사, 구조조사, 어기조사 등에 자주 쓰입니다. 경성은 앞에 어떤 성조가 오느냐에 따라 높낮이에 차이가 있으니 아래 도표와 단어를 보고 연습해보시기 바랍니다.

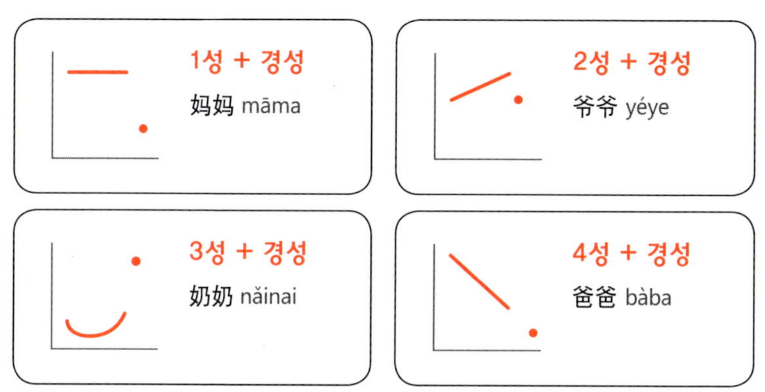

잠깐만요!!

중국어 병음 표기 규칙

a, <o, e < i , u

중국어 병음은 알파벳 모음에 표시하며, 위의 운모 순으로 표시됩니다. 다만, 'iu' 혹은 'ui' 의 경우에는 무조건 맨 마지막에 표시합니다.
일반적으로 문장 맨 앞 글자와 고유명사의 경우는 첫 글자를 대문자로 표기합니다.

*** er화 발음(발음은 얼, 표기는 er에서 r만)**

자연스러운 발음이나 친근감 등을 나타내기 일부 단어 뒤에 '儿'를 붙이는 경우가 있는데, 이를 '儿化'라고 부릅니다. 표기는 'r'만 하지만 실제로는 'er'로 발음합니다. 아래 규칙에 따라 앞에 오는 운모가 묵음으로 발음되는 경우가 있으니 주의해야 합니다.

那 nà + 儿 er – 那儿 nàr 거기, 그곳
花 huā + 儿 er – 花儿 huār 꽃

'儿' 앞에 'n'이나 'i' 등이 오면 발음되지 않습니다.

一点儿 yìdiǎnr 약간, 조금
一会儿 yíhuìr 잠시, 잠깐

PART I

인사말

你好

안녕하세요

사람과 처음 만났을 때 첫인상이 참 중요하다고 생각하는데요. 웃으면서 환하게 하는 인사말 한마디는 상대방을 기분 좋게 할 뿐 아니라, 여러분의 첫인상에도 큰 도움이 되지 않을까 싶습니다. 중국인과 인사를 나눌 때도 마찬가지일 거예요. 중국어로 인사 표현은 어떻게 하는지 함께 알아볼게요.

'好 hǎo'는 '좋다'라는 뜻도 있지만, 인사말로 '안녕하다'라는 표현으로, 대상을 나타내는 표현 뒤에 '好 hǎo'만 붙여주면 간단한 인사말을 만들 수 있습니다.

你好。
Nǐ hǎo. [니하오]

안녕하세요.

您好。
Nín hǎo. [닌하오]

안녕하세요.

你们好。
Nǐmen hǎo. [니먼하오]

여러분 안녕하세요.

大家好。
Dàjiā hǎo. [따지아하오]

여러분 안녕하세요.

老师好。
Lǎoshī hǎo. [라오스(sh)하오]

선생님 안녕하세요.

단어　好 hǎo 안녕하다　你 nǐ 너, 당신　您 nín '你'의 존칭　你们 nǐmen 당신들
大家 dàjiā 여러분　老师 lǎoshī 선생님　们 men ~들(대명사 뒤에서 복수를 나타냄)

인칭대명사

대명사 뒤에 '们 men'을 붙이면 복수의 의미를 나타냅니다.

	단수	복수
1인칭	我 wǒ 나	我们 wǒmen 저희, 우리들
2인칭	你 nǐ 너, 당신	你们 nǐmen 당신들
	您 nín 당신	
3인칭	他 tā 그	他们 tāmen 그들
	她 tā 그녀	她们 tāmen 그녀들

你 vs 您

'你 nǐ'는 '너, 당신'이라는 2인칭대명사이며, '您 nín'은 '你'에 대한 존칭으로 처음 만났거나, 웃어른이나 지위가 높은 분에게 쓸 수 있는 정중한 표현입니다.

> **Tips** 자신보다 나이가 많다고 해도 친하게 지내는 사이라면 '你'를 쓰는 것이 자연스럽습니다. '您'이 정중한 표현은 맞지만, '你'가 꼭 우리말의 반말을 의미하는 것은 아닙니다.

老师

'선생님' 하면 '先生'이라는 한자가 떠올려지실 텐데요. '先生 xiānsheng'은 중국에서 남성에게 쓰는 존칭으로 영어의 'Mr'의 개념에 가깝습니다. 여성에게는 일반적으로 '小姐 xiǎojiě'라는 호칭을 사용합니다. '미스 김'은 '金小姐 Jīn xiǎojiě'라고 합니다.

바로바로 써먹는 상황별 회화

상황 1 지나가다가 웃어른을 만났을 때

A: 您好。
Nín hǎo.

B: 你好。
Nǐ hǎo.

상황 2 한류스타 김선화가 팬들과의 만남에서

大家好, 我是金善花。
Dàjiā hǎo, wǒ shì Jīn shàn huā.

상황 3 아침에 선생님을 만났을 때

A: 老师好。
Lǎoshī hǎo.

B: 你们早。
Nǐmen zǎo.

단어

金 Jīn 성씨 김　是 shì ~이다　早 zǎo 아침인사(좋은 아침입니다); 이르다
早上 zǎosháng 아침

상황 1 지나가다가 웃어른을 만났을 때

A: 안녕하세요.

B: 안녕!

상황 2 한류스타 김선화가 팬들과의 만남에서

여러분 안녕하세요. 저는 김선화예요.

> **Tips** '大家 dàjiā'는 '여러분'이라는 뜻으로 대중들 앞에 서서 인사하거나, 앞에 나와서 발표나 연설 등을 할 때 자주 씁니다. 중국에 진출한 한류스타나, 한국을 방문한 중국 연예인들이 카메라 앞이나 무대에서 인사할 때는 보통 '你们好'라고 잘 하지 않고, '大家好 dàjiāhǎo'라고 인사합니다.

상황 3 아침에 선생님을 만났을 때

A: 선생님, 안녕하세요.

B: 모두 좋은 아침이에요.

• 중국어에도 아침이나 저녁인사가 따로 있나요?

아침에 직장 동료나 친구들에게 '좋은 아침입니다!'라는 인사를 할 수 있는데요. '아침'이라는 뜻의 '무上 zǎoshang'뒤에 '好 hǎo'를 붙여서 '무上好 Zǎoshang hǎo.'라고 하면 됩니다. 친한 사이, 자신보다 나이가 어린 사람들에게는 짧게 '무 zǎo!'도 자주 씁니다. 만약, 저녁에 만난다면 '저녁'이라는 뜻의 '晚上 wǎnshang'을 넣어서 '晚上好 Wǎnshang hǎo.'라고 인사하면 됩니다.

Step 1 아래 발음을 천천히 읽어보고 무슨 뜻인지 적어보세요.

1. Nǐ hǎo. ___________________________

2. dàjiā ___________________________

3. lǎoshī ___________________________

4. zǎoshang ___________________________

Step 2 다음 문장을 보고 중국어로 말할 수 있는지 체크해보세요.

1. 안녕하세요. ☑ ☐

2. 안녕! ☐ ☐

3. 선생님, 안녕하세요. ☐ ☐

4. 좋은 아침입니다. ☐ ☐

5. 여러분 안녕하세요. ☐ ☐

再见

안녕히 가세요

중국에서는 인사할 때 악수를 청하거나 가볍게 손을 흔들어 인사하는 경우가 많은데요. 웃어른이라 하더라도, 헤어질 때 손을 흔들며 인사하는 것이 무례한 것이 아니라 가벼운 인사 표현이라고 이해하시면 좋겠습니다. 그럼 헤어질 때 쓸 수 있는 인사말에 대해 함께 알아볼게요.

'만나다'라는 뜻의 '见 jiàn' 앞에 시간명사를 넣거나, '가다'라는 뜻의 '走 zǒu'를 활용하여 헤어지는 인사를 표현할 수 있습니다.

再见！
Zàijiàn. [짜이지엔]

안녕히 가세요.

明天见！
Míngtiān jiàn! [밍티엔지엔]

내일 봐요.

晚上见。
Wǎnshang jiàn. [완샹지엔]

저녁에 뵐게요.

我走了。
Wǒ zǒu le. [워저우러]

저 가볼게요.

慢走。
Màn zǒu. [만저우]

조심히 가세요.

단어   再 zài 다시, 또 见 jiàn 만나다 明天 míngtiān 내일 晚上 wǎnshang 저녁 走 zǒu 가다 了 le 어기조사 慢 màn 천천히

⏻ 再见

'再 zài'는 '다시, 또'라는 뜻의 부사로 '见 jiàn'을 수식하여 '또 보자, 또 만나자'라는 뜻이 되며, 우리말의 '안녕히 가세요, 안녕히 계세요, 잘 가' 등과 같이 헤어질 때 쓰는 대표적인 인사말입니다.

> **Tips** '볼 견(見)' 자인 '见 jiàn'은 '눈으로 보다'의 뜻보다는 '사람을 만나다'라는 의미로 자주 쓰이며, '지안'으로 발음하지 않도록 주의합니다.

⏻ 明天

'明天 míngtiān'은 '내일'이라는 뜻으로 매일 주기적으로 만나는 사람에게 헤어질 때 하는 인사말로 자주 쓰입니다.

> **Tips** 우리말에도 '명일(明日)'이라는 표현이 있는데요, 중국에서 '하루나 날'을 표현할 때는 회화에서 '天 tiān'이라는 표현을 자주 씁니다. (예: 금일(今日) 今天 jīntiān)

⏻ 晚上

'晚 wǎn'은 '늦을 만' 자인데, 형용사로 '(시간이) 늦다'라는 뜻으로도 자주 쓰이며, 뒤에 '上 shang'이 붙어서 '저녁'이라는 의미가 됩니다. '윗 상' 자인 '上'은 '위'나 '오르다' 등의 뜻이 있지만, 일부 단어 뒤에서 접미사처럼 쓰이기도 합니다. (예: 早上 zǎoshang 아침)

⏻ 走

'走 zǒu'는 '가다, 걷다, 떠나다' 등의 뜻으로 뒤에 어기조사 '了'를 붙여서 '走了 zǒu le'라고 하면 '갈게요'라는 인사말로 자주 쓰입니다. 상대방에게 조심히 가라고 할 때는 '천천히'라는 뜻의 '慢 màn'을 써서 '慢走 màn zǒu'라고 쓰면 됩니다.

 바로바로 써먹는 상황별 회화

상황 1 수업을 마치고 선생님께

A: **再见。**
Zàijiàn.

B: **再见。**
Zàijiàn.

상황 2 친구와 잠시 헤어질 때

A: **走了。**
Zǒu le.

B: **一会儿见。**
Yíhuìr jiàn.

상황 3 퇴근할 때

A: **我先走了。**
Wǒ xiān zǒu le.

B: **明天见。**
Míngtiān jiàn.

단어

一会儿 yíhuìr 잠시, 조금 있다가 *'이후얼'을 조금 빨리 발음하여, '이훨'이라고 발음합니다. 先 xiān 먼저

상황 1 수업을 마치고 선생님께

A: 안녕히 계세요.

B: 잘 가.

상황 2 친구와 잠시 헤어질 때

A: 갈게.

B: 이따 봐.

> **Tips** 헤어지는 인사로 영어의 'bye-bye'의 음역인 '拜拜 bàibai'를 쓰는 사람도 많습니다.
> 실제로 인사할 때는 성조를 그대로 지키지 않고, 자연스럽게 인사하면 됩니다.

상황 3 퇴근할 때

A: 저 먼저 가볼게요.

B: 내일 봐요.

• '다녀오겠습니다' '다녀왔습니다'는 중국어로 어떻게 표현할까요?

결론부터 말하면 '다녀오다'라는 뜻과 같은 중국어 단어가 없습니다.
'다녀오겠습니다.'는 '갈게요.' 라는 뜻의 '我走了 Wǒ zǒu le'로, '다녀왔습니다.'는 '돌아오다'인 '回来 huílai'를 써서, '我回来了 Wǒ huílai le' 정도로 표현할 수 있습니다.

Step 1 아래 발음을 천천히 읽어보고 무슨 뜻인지 적어보세요.

1. Zàijiàn. ___________________________________

2. míngtiān ___________________________________

3. Zǒu le. ___________________________________

4. Màn zǒu. ___________________________________

Step 2 다음 문장을 보고 중국어로 말할 수 있는지 체크해보세요.

1. 안녕히 가세요. ☑ ☐

2. 안녕히 계세요. ☐ ☐

3. 내일 봐요. ☐ ☐

4. 갈게. ☐ ☐

5. 조심히 가세요. ☐ ☐

你好吗?

잘 지내셨어요?

친한 친구나 지인도 매일 함께 생활하지 않는다면 서로 안부를 묻고 지내기가 쉽지 않은데요. 안부를 물어볼 때는 어떤 표현을 쓰는지 함께 알아보도록 할게요.

바로바로 써먹는 핵심 표현

안부를 물어볼 때는 '안녕하다'라는 뜻의 '好 hǎo' 뒤에 의문어기조사 '吗 ma' 등을 쓰거나, '어떠하냐'의 뜻인 '怎么样 zěnmeyàng'등을 사용하여 의문문을 만들어서 표현할 수 있습니다.

你还好吗?
(여전히) 잘 지내니?/잘 지내세요?
Nǐ hái hǎo ma? [니 하이 하오마?]

你还好吧?
(여전히) 잘 지내지?/잘 지내시죠?
Nǐ hái hǎo ba? [니 하이 하오바?]

你最近好吗?
요즘 잘 지내니?/지내세요?
Nǐ zuìjìn hǎo ma? [니 쭈에이진 하오마?]

你妈妈最近好吗
어머니는 요즘 잘 지내세요?
Nǐ māma zuìjìn hǎo ma? [니 마마 쭈에이진 하오마?]

你父亲最近怎么样?
아버님은 요즘 어떠세요?
Nǐ fùqīn zuìjìn zěnmeyàng? [니 푸(f)친 쭈에이진 쩐머양?]

단어

还 hái 여전히　吗 ma ~입니까?　吧 ba ~이죠?　**最近** zuìjìn 요즘, 최근　**妈妈** māma 엄마, 어머니　**父亲** fùqīn 아버지　**怎么样** zěnmeyàng 어떠하다

⏻ 의문어기조사 吗 & 吧

'吗 ma'는 '〜입니까?'라는 뜻의 의문문을 만들 수 있는 대표적인 의문어기조사입니다. '吧 ba' 역시 의문문에서 자주 쓰이는 의문어기조사로 '〜이죠?, 〜이지?'라는 뜻의 추측을 나타내는 어기조사입니다.

⏻ 你还好吗?

'你好吗 Nǐ hǎo ma?'는 '안녕하셨어요?'라는 뜻으로 '잘 지내셨어요?' 정도의 안부 를 묻는 표현입니다. '여전히'라는 뜻의 부사인 '还 hái'나 '요즘'이라는 의미의 '最近 zuìjìn' 등과 함께 쓰면 더 자연스러운 표현이 됩니다.

> **Tips** 你好 vs 你好吗?
> '你好 Nǐ hǎo'는 '안녕하세요'라는 뜻으로 처음 만났거나, 알고 지내는 사이에 언제 어디서나 편하게 쓸 수 있는 표현입니다. '你好吗 Nǐ hǎo ma'는 안부를 묻는 표현으로 처음 만나는 사이에는 적절한 인사말이 아닙니다.

⏻ 엄마 & 아빠

엄마는 '妈妈 māma', 아빠는 '爸爸 bàba'라고 하는데요, 자신의 부모님이나 상대방의 부모님을 가리킬 때 회화에서 '어머니, 아버지'의 의미로도 편하게 쓸 수 있는 표현입니다. 대화하는 대상이 웃어른이거나 격식 있는 자리라면 '모친'이라는 한자인 '母亲 mǔqīn'이나 '부친'인 '父亲 fùqīn' 등으로 바꾸어 쓰면 더 좋습니다.

상황 1 　오랜만에 친구를 만나면서

A: 好久不见！
Hǎojiǔ bújiàn.

B: 好久不见, 你最近好吗?
Hǎojiǔ bújiàn, nǐ zuìjìn hǎo ma?

A: 我很好, 你呢?
Wǒ hěn hǎo, nǐ ne?

B: 还可以。
Hái kěyǐ.

상황 2 　다른 사람의 안부 물어보기

A: 金老师最近怎么样?
Jīn lǎoshī zuìjìn zěnmeyàng?

B: 她很好, 工作很忙。
Tā hěn hǎo, gōngzuò hěn máng.

단어　好久不见 hǎojiǔ bújiàn 오랜만이다. 很 hěn 꽤 (형용사를 수식해주는 부사)
呢 ne 의문을 나타내는 어기조사　还 hái 그런대로, 여전히　可以 kěyǐ 괜찮다
她 tā 그녀　工作 gōngzuò 일　忙 máng 바쁘다

상황 1 오랜만에 친구를 만나면서

A: 오랜만이야.

B: 그러게. 요즘 잘 지내니?

A: 잘 지내고 있어, 너는?

B: 그럭저럭.

> **Tips** '오랜만이다'라는 표현은 '오랫동안 만나지 못했다'라고 표현합니다.
> '好久 hǎojiǔ'는 '오랫동안'이라는 뜻이고, '만나다'라는 뜻의 '见 jiàn' 앞에 부정부사
> '不 bù'를 써서 표현하면 됩니다. '好久没见 hǎojiǔ méi jiàn'이라고 하기도 합니다.
> 의미상의 차이는 없습니다.

상황 2 다른 사람의 안부 물어보기

A: 김 선생님은 요즘 잘 지내세요?

B: 잘 지내요, 일이 바쁘네요.

• 형용사 술어문

중국어에서 형용사는 영어처럼 '~이다'라는 뜻의 '是 shì'를 필요로 하지 않고, 형용사 자체가 술어가 될 수 있습니다. 다만 일반적으로 형용사가 술어가 되기 위해서는 수식을 하는 정도부사를 써주는데, 대표적인 부사가 '很 hěn'입니다. '很'의 사전적인 의미는 '매우, 아주'라는 뜻이지만, 크게 강조하여 발음하지 않는다면 습관적으로 붙이는 경우가 많습니다.

Step 1 아래 발음을 천천히 읽어보고 무슨 뜻인지 적어보세요.

1. zuìjìn ______________________________________

2. māma ______________________________________

3. gōngzuò ______________________________________

4. Nǐ hái hǎo ba? ______________________________________

5. hěn máng ______________________________________

6. Hǎojiǔ bújiàn. ______________________________________

Step 2 다음 문장을 보고 중국어로 말할 수 있는지 체크해보세요.

1. 잘 지내지?　　　　　　　　　　☑　　　☐

2. 요즘 어때요?　　　　　　　　　　☐　　　☐

3. 오랜만이에요.　　　　　　　　　☐　　　☐

4. 그럭저럭 괜찮아요.　　　　　　☐　　　☐

5. 일이 바빠요.　　　　　　　　　　☐　　　☐

谢谢

고맙습니다

우리는 늘 곁에 있는 무언가에 대해 소중함을 잊고 지내는 경우가 많습니다. 또한 가까운 사이일수록 오히려 고맙다는 말에 인색하기도 한데요. 가족에게 혹은 친구나 동료에게 고맙다는 말에 더 자주 표현해보세요. 중국어로 감사함은 어떻게 표현하는지 알아볼까요?

바로바로 써먹는 핵심 표현

고마움을 표현하는 인사말로 '감사할 사' 자인 '谢 xiè'를 중첩해서 표현하는 것이 일반적인데, 뒤에 대상을 넣으면 좀 더 자연스러운 표현이 됩니다.

谢谢你。 Xièxie nǐ. [시에시에니]	고마워요.
谢谢各位。 Xièxie gèwèi. [시에시에 꺼웨이]	여러분 고맙습니다.
谢谢老师。 Xièxie lǎoshī. [시에시에 라오스(sh)]	선생님 고맙습니다.
不客气。 Bú kèqi. [부커치]	별말씀을요.
不用谢。 Búyòng xiè. [부용시에]	고맙기는요.

단어

谢谢 xièxie 고맙다　各位 gèwèi 여러분
客气 kèqi 사양하다, 격식을 차리다　不用 búyòng ～할 필요가 없다

各位

'各位 gèwèi'는 '여러분'이라는 뜻으로 격식 있는 자리나 정중한 표현으로 자주
쓰입니다.

各位来宾 gèwèi láibīn 내빈 여러분
各位女士 先生 gèwèi nǚshì xiānsheng 신사 숙녀 여러분

谢谢

'谢 xiè'를 중첩하면 '고맙습니다, 감사합니다'라는 의미가 됩니다. 단어를 중첩
할 때는 일반적으로 뒤 음절은 경성으로 발음합니다. 좀 더 격식 있는 표현으
로는 '감사'의 한자 그대로 '感谢 gǎnxiè'를 쓰기도 하는데, 이때는 보통 '感谢'
를 수식하는 부사와 함께 씁니다.

非常感谢。매우 감사드립니다.
Fēicháng gǎnxiè.

不客气。

'客气 kèqi'는 '사양하다, 격식을 차리다'라는 뜻으로 고마움을 표현하는 것에
대해 그럴 필요 없다는 표현입니다.

不用谢。

'用 yòng'은 '사용하다'라는 뜻의 동사로도 쓰이지만, '～할 필요가 있다'라는
의미로도 자주 쓰입니다. '不用 búyòng'은 '～할 필요가 없다'라는 뜻입니다.

 바로바로 써먹는 상황별 회화

상황 1 가볍게 고마움을 표현할 때

A: **谢谢你。**
Xièxie nǐ.

B: **不客气。**
Bú kèqi.

상황 2 도움을 받아 고마움을 표현할 때

A: **多谢。**
Duō xiè.

B: **不用谢。**
Búyòng xiè.

상황 3 고마움에 어찌할 바를 모를 때

A: **太谢谢你了。**
Tài xièxie nǐ le.

B: **没什么。**
Méi shénme.

단어

多 tài 많이　太~了 tài ~ le 너무 ~하다　没 méi 없다, 아니다
什么 shénme 무엇

상황 1 가볍게 고마움을 표현할 때

A: 고마워요.

B: 별말씀을요.

상황 2 도움을 받아 고마움을 표현할 때

A: 진짜 고마워.

B: 아니야.

상황 3 고마움에 어찌할 바를 모를 때

A: 너무 고마워요.

B: 별거 아닌데요.

· 한턱 낼게요.

상대방에게 도움을 받아서 감사의 인사를 전할 때 식사나 차를 대접하겠다는 표현을 하기도 하는데요. '(식사나 차 등을) 대접하다, 한턱내다'의 뜻인 '请 qǐng'이나 '请客 qǐngkè' 등을 써서 표현할 수 있습니다.

我请客。 제가 한턱 낼게요.
Wǒ qǐngkè.

我请你吃饭。 제가 밥 살게요.
Wǒ qǐng nǐ chīfàn.

* 吃饭 chīfàn 밥을 먹다

Step 1 아래 발음을 천천히 읽어보고 무슨 뜻인지 적어보세요.

1. Xièxie. ___________________________________

2. Duō xiè. ___________________________________

3. Bú kèqi. ___________________________________

4. Méi shénme. ___________________________________

Step 2 다음 문장을 보고 중국어로 말할 수 있는지 체크해보세요.

1. 고마워요. ☑ ☐

2. 선생님 고맙습니다. ☐ ☐

3. 진짜 고마워. ☐ ☐

4. 별말씀을요. ☐ ☐

5. 별거 아닌데요. ☐ ☐

对不起

미안해요

큰 잘못을 저질러서 사과를 해야 하는 경우도 있지만, 일상생활에서 지인이나 주변 사람을 번거롭게 하거나 폐를 끼쳤을 때 가볍게 미안함을 표시하는 경우도 많습니다. 이번 파트에서는 미안함과 관련된 표현에 대해서 알아보도록 할게요.

미안함을 표현하는 표현은 다양합니다. 모두 빈번하게 자주 쓰이는 표현으로 해설노트를 보며 비교하며 표현을 익혀보세요.

对不起。
Duìbuqǐ. [뚜에이부치]

미안해요.

不好意思。
Bù hǎoyìsi. [뿌하오이쓰]

죄송해요.

很抱歉。
Hěn bàoqiàn. [헌빠오치엔]

미안하게 생각해요.

没关系。
Méi guānxi. [메이꽌시]

상관없어요. 괜찮아요.

没事儿。
Méi shìr. [메이셜]

괜찮아요.

단어

对不起 duìbuqǐ 미안하다 **不好意思** bùhǎoyìsi 겸연쩍다
抱歉 bàoqiàn 미안하게 생각하다 **没** méi 없다, 아니다
关系 guānxi 관계, 상관 **事儿** shìr 일

⏻ 对不起。

중국에서는 '체면'을 중요하게 생각하는데, 체면이 있어야 서로 마주볼 수 있다 (面对)고 여긴다고 합니다. '对不起 duìbuqǐ'의 '对 duì'는 '마주보다'라는 의미로, '对不起'는 상대방의 체면에 영향을 주었을 때 '마주할 수 없다, 미안하다'는 의미로 쓰이게 되었다고 합니다.

⏻ 不好意思。

'不好意思 bù hǎoyìsi'는 '겸연쩍다, 부끄럽다' 등의 뜻인데, 상대방에게 미안함을 표현하거나, 실례를 범했다고 생각했을 때 '对不起'보다 좀 더 편하게 자주 쓰는 표현입니다.

⏻ 很抱歉。

'歉'은 '겸연쩍다'의 '겸' 자로 '미안해하다'라는 뜻입니다. '抱 bào'는 '품다'라는 뜻입니다. '抱歉 bàoqiàn'은 '미안함을 가지다, 미안하게 생각하다'라는 의미로, 양심의 가책을 느껴서 미안함을 표현할 때 주로 쓰입니다.

⏻ 没关系。 & 没事儿。

'关系 guānxi'는 '관계, 상관'이라는 뜻이며, '없다'라는 뜻의 '没 méi'가 붙어서 '상관없다, 관계없다'라는 의미가 됩니다. '关系' 대신에 '事 shì'가 붙으면 '일이 없다'라는 의미도 되지만, 관용어로 '괜찮다'라는 의미로 더 자주 쓰입니다. 두 표현 모두 미안함을 표현했을 때 대답으로 자주 쓰이지만, 상대방의 의향을 물어볼 때 '상관없다'라는 표현으로 쓰인다는 것도 함께 알아두세요.

> **Tips** 북방지역에서는 '事 shì' 뒤에 '儿 ér'을 넣어서 '事儿 shìr'로 표현하는 경우가 많습니다. 발음은 'shi+er'로 우리말의 '셜'을 천천히 발음하면 됩니다.

상황 1 미안할 때

A: 对不起。
Duìbuqǐ.

B: 没关系。
Méi guānxi.

상황 2 많이 미안할 때

A: 很抱歉。
Hěn bàoqiàn.

B: 没事儿。
Méi shìr.

상황 3 제안을 거절할 때

A: 不好意思，我有事。
Bù hǎoyìsi, wǒ yǒu shì.

B: 那没办法。
Nà méi bànfǎ.

단어

有 yǒu 있다　那 nà 그럼, 그러면
办法 bànfǎ 방법

46

상황 1 미안할 때

A: 죄송해요.

B: 괜찮아요.

상황 2 많이 미안할 때

A: 죄송합니다.

B: 괜찮아요.

> **Tips** '道 dào'는 '길'이라는 뜻 외에 문어체에서 '말하다'라는 뜻으로 자주 쓰입니다. '道歉 dàoqiàn'은 '미안함을 말하다'라는 뜻으로 '사과하다'라는 의미가 됩니다.

상황 3 제안을 거절할 때

A: 죄송하지만, 제가 일이 있어서요.

B: 그럼 할 수 없네요.

· 사과의 표현

만약 상대방에게 잘못을 해서 사과를 하려면 어떻게 해야 할까요? 일단 자신의 잘못임을 인정하고, 사과의 말을 전하면 좋겠죠?

这是我的错。 이건 제 잘못이에요.
Zhè shì wǒ de cuò.

我向你道歉。 제가 사과드릴게요.
Wǒ xiàng nǐ dàoqiàn.

셀프 체크!!

Step 1 아래 발음을 천천히 읽어보고 무슨 뜻인지 적어보세요.

1. Duìbuqǐ. ___________________________

2. Bù hǎoyìsi. ___________________________

3. bàoqiàn ___________________________

4. guānxi ___________________________

5. Méi shìr. ___________________________

Step 2 다음 문장을 보고 중국어로 말할 수 있는지 체크해보세요.

1. 상관없어요. ☑ ☐

2. 미안해요. ☐ ☐

3. 죄송해요. ☐ ☐

4. 괜찮아요. ☐ ☐

5. 미안하게 생각해요. ☐ ☐

한어란?

중국어는 중국어로 '中国语'라고 잘 하지 않고, '汉语 Hànyǔ'라고 합니다. 여기서 '汉'이 뜻하는 '한족(汉族)'은 56개의 소수민족 중 94% 이상을 차지하는 민족으로, '汉族'이 쓰는 언어라고 해서 '汉语'라고 부릅니다.

중국 내 방언은 7대 혹은 10대 방언(학자들마다 견해가 다름)으로 분류하는데, 우리가 소위 말하는 홍콩말(广东话 guǎngdōnghuà)도 대표적인 방언 중의 하나입니다.

'표준어'는 '普通话 pǔtōnghuà'라고 합니다. 영어로는 '만다린(Mandarin)'이라고 부르기도 합니다. '普通话'는 북방 지역의 방언을 표준으로 합니다. 현재 중국 대륙에서는 '汉语'를 간체자(简体字)로 표현하며, 대만과 홍콩 등에서는 번체자(繁体字)를 주로 씁니다.

중국어 어순

중국어의 기본 어순은 [주어 + 술어 + 목적어 / 보어]순으로 기본 어순은 우리
말보다 영어와 비슷해 보입니다.

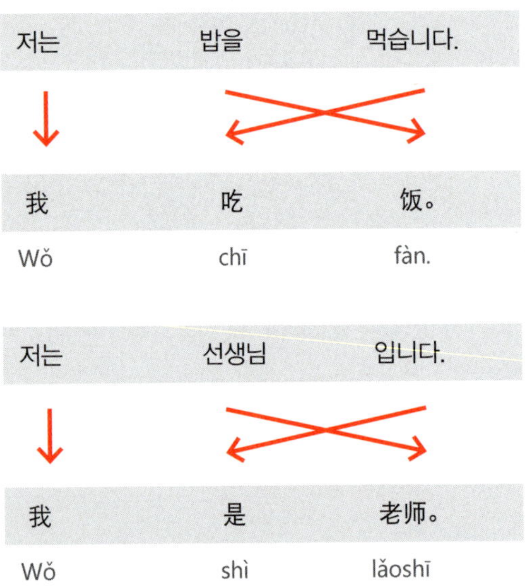

* 명사를 수식해줄 때는 수식해주는 내용이 앞에 오며 구조조사 '的'를 써주면
됩니다.

기본적으로 목적어나 보어가 술어 뒤에 오는 점은 영어와 비슷하지만, 시간이
나 장소를 나타내는 표현이나 전치사구가 주어 뒤 술어 앞에 오는 경우가 많은
점은 우리말에 더 가깝습니다.

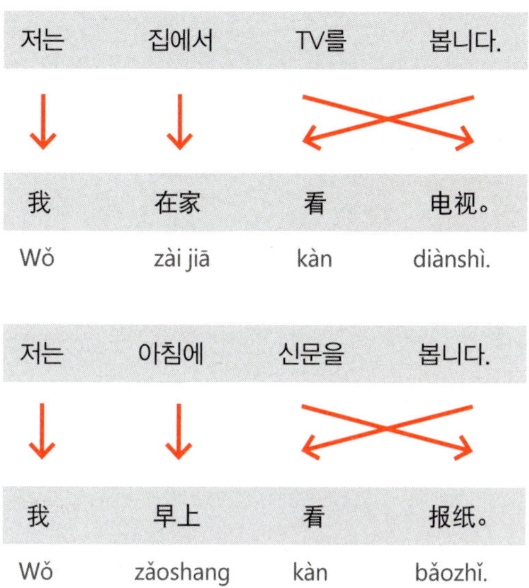

* 시간명사의 경우는 일반적으로는 주어 뒤에 오지만, 시간을 강조한다면 회화에서 주어 앞에 올 수도 있습니다.

每天我去运动。 매일 저는 운동을 갑니다.
Měitiān wǒ qù yùndòng.

일반적으로 부사는 술어 앞에 오며, 동사의 정도나 상태, 결과 등을 설명해주는 보어는 동사 뒤에 오는 경우가 많습니다. 특히 보어의 경우는 우리말로 해석했을 때 어순의 차이가 있기 때문에 충분히 연습해야 합니다. (다양한 보어는 중국어 어법 이해하기 마지막 페이지에 실려 있습니다.)

> Tips 중국어 어순을 한 형식에 맞추거나 공식화해서 다 외워서 학습하기는 어렵습니다. 기본어순에 표현이나 문장을 익힐 때 핵심어법내용을 파악하여 어순을 함께 기억해두는 것이 좋습니다.

PART 2

자기소개

我叫李元君

저는 이원준이라고 합니다

누군가를 처음 만나면 소위 '통성명'이라는 것을 하게 되는데요. 중국어로 이름을 소개할 때는 어떤 표현을 쓸까요? 이번 시간에는 자신의 이름을 소개하거나 상대방 혹은 다른 사람의 이름을 묻고 답하는 내용에 대해 알아보도록 하겠습니다.

이름을 소개할 때는 일반적으로 '～라고 부르다'라는 뜻인 '叫 jiào'를 써서 표현할 수 있습니다.

我叫李元君。　　　저는 이원준이라고 합니다.
Wǒ jiào Lǐ Yuánjūn. [워 지아오 리위앤쥔]

你叫什么名字?　　　이름이 뭐예요?
Nǐ jiào shénme míngzi? [니 지아오 션머 밍즈]

她叫什么名字?　　　그녀의 이름이 뭐예요?
Tā jiào shénme míngzi? [타 지아오 션머 밍즈]

这叫什么?　　　이건 뭐라고 불러요?
Zhè jiào shénme? [쩌 지아오 션머]

您贵姓?　　　존함이 어떻게 되세요?
Nín guì xìng? [닌 꾸에이 싱]

단어

我 wǒ 나　叫 jiào ～라고 부르다　什么 shénme 무슨, 무엇
名字 míngzi 이름　他 tā 그　这 zhè 이, 이것
贵姓 guì xìng 귀하의 성이 ～이다

⏻ 我叫○○○。

'叫 jiào'는 '~라고 부르다'라는 뜻으로 이름을 소개할 때 자주 쓸 수 있는 표현입니다. 사람의 이름뿐 아니라 사물의 이름을 묻거나 답할 때도 자주 쓰입니다.

⏻ 你叫什么名字?

상대방의 이름을 물어볼 때 가장 많이 쓰는 표현입니다. '什么 shénme'는 '무엇, 무슨'이라는 뜻의 의문대명사로 명사를 바로 수식해줍니다. 어린아이에게 이름을 물어볼 때는 '名字'를 생략하여, '你叫什么? Nǐ jiào shénme?'라고 하기도 합니다.

⏻ 您贵姓?

자신보다 웃어른이나 지위가 높은 사람을 만나거나 처음 만나서 예의를 갖춰야 하는 경우에는 '존함이 어떻게 되세요?'라는 표현을 쓰는데요. '귀하의 성이 ~이다'라는 뜻의 贵姓 guìxìng을 쓰면 됩니다. 대답을 할 때는 我叫○○○。라고 해도 되고, 성을 먼저 써서 아래와 같이 표현하면 좋습니다.

我 (免贵) 姓李, 叫李元君。
Wǒ (miǎn guì) xìng Lǐ, jiào Lǐ Yuánjūn.

앞에 성을 얘기했다고 해서, '叫' 뒤에 이름만을 얘기하지 않고, 일반적으로 전체이름을 다 넣어서 소개합니다. 좀 더 정중하게 대답하려면 '免贵 miǎnguì'라는 표현을 써주면 좋습니다.

 바로바로 써먹는 상황별 회화

상황 1 일반적으로 이름을 묻고 답할 때

A: 你叫什么名字?
Nǐ jiào shénme míngzi?

B: 我叫崔英爱。
Wǒ jiào Cuī Yīng Ài.

상황 2 웃어른이나 지위가 높은 분께 이름을 묻고 답할 때

A: 您贵姓?
Nín guì xìng?

B: 我姓李, 叫李圆俊。
Wǒ xìng Lǐ, jiào Lǐ Yuánjùn.

상황 3 어린아이에게 이름을 물어볼 때

A: 你叫什么?
Nǐ jiào shénme?

B: 我叫朴修珍。
Wǒ jiào Piáo Xiūzhēn.

단어

崔 Cuī 성씨 최　姓 xìng 성이 ~이다
朴 Piáo 성씨 박

상황 1 일반적으로 이름을 묻고 답할 때

A: 이름이 뭐예요?

B: 저는 최영애라고 해요.

상황 2 웃어른이나 지위가 높은 분께 이름을 묻고 답할 때

A: 존함이 어떻게 되세요?

B: 저는 성은 이가고, 이름은 이원준이라고 합니다.

상황 3 어린아이에게 이름을 물어볼 때

A: 너 이름이 뭐니?

B: 제 이름은 박수진이에요.

• 순수 한글 이름일 경우 중국어로 어떻게 표현하나요?

순수 한글 이름을 가진 경우는 발음이 비슷한 한자를 사용해서 표현하는데, 비슷한 발음이 나는 한자 중 이름에 자주 쓰는 뜻이 좋은 한자를 사용하면 됩니다.

• 고유명사인 나의 이름을 꼭 중국어로 바꿔서 발음해야 하나요?

본인의 이름을 한국어 발음으로 소개하는 것은 좋습니다. 다만, 중국어는 발음만 듣고 표기할 수 있는 표음문자가 아니기 때문에, 한국어로만 알려준다면 표기를 할 수가 없습니다. 한자를 알려주거나 중국어 발음으로 소개한다면 훨씬 더 기억하기가 쉽겠죠. 원활한 의사소통을 위해서 자신의 이름을 중국어로 연습해두는 것이 좋겠습니다.

 셀프 체크!!

Step 1 아래 발음을 천천히 읽어보고 무슨 뜻인지 적어보세요.

1. jiào　　　＿＿＿＿＿＿＿＿＿＿＿＿＿＿＿＿＿＿＿＿

2. shénme　　＿＿＿＿＿＿＿＿＿＿＿＿＿＿＿＿＿＿＿＿

3. míngzi　　＿＿＿＿＿＿＿＿＿＿＿＿＿＿＿＿＿＿＿＿

4. Nín guìxìng?　＿＿＿＿＿＿＿＿＿＿＿＿＿＿＿＿＿＿

Step 2 다음 문장을 보고 중국어로 말할 수 있는지 체크해보세요.

1. 이름이 뭐예요?　　　　　　　　　　☑　　　☐

2. 존함이 어떻게 되세요?　　　　　　　☐　　　☐

3. 그 사람 이름이 뭐예요?　　　　　　☐　　　☐

4. 이건 뭐라고 불러요?　　　　　　　　☐　　　☐

Step 3 자신의 이름은 중국어로 어떻게 말하는지 연습해보세요.

我姓 ＿＿＿＿＿, 叫 ＿＿＿＿＿。

Wǒ xìng ＿＿＿＿＿ jiào ＿＿＿＿＿.

你的手机号是多少?

휴대폰 번호가 어떻게 되세요?

숫자는 날짜, 요일, 시간 등 일상생활에서 자주, 그리고 중요하게 사용되고 있습니다. 휴대폰 번호, 돈의 액수 등은 조금만 잘못 말해도 문제가 발생할 수 있지요. 때문에 중국어 학습에 있어서 숫자는 절대 간과해서는 안되는 아주 중요한 학습이라고 생각합니다. 이번 시간에는 중국어의 기본 숫자를 익히고 휴대폰 번호를 묻고 답하는 내용에 대해서 알아보겠습니다.

바로바로 써먹는 핵심 표현

이번 시간에는 숫자 연습에 집중해보세요.
하나하나 정확한 성조와 발음으로 연습하는 것이 중요합니다.

중국어 숫자 익히기

一	二	三	四	五	六	七	八	九	十
yī	èr	sān	sì	wǔ	liù	qī	bā	jiǔ	shí
이	얼	싼	쓰	우	리우	치	빠	지우	스(sh)

* 발음에 주의하며 다시 한 번 발음해보세요.
* 아라비아 숫자 0은 零 [líng]입니다.

거꾸로도 발음해보세요.

十	九	八	七	六	五	四	三	二	一
shí	jiǔ	bā	qī	liù	wǔ	sì	sān	èr	yī

我的手机号是 010-2345-6789。

Wǒ de shǒujī hào shì líng yāo líng èr sān sì wǔ liù qī bā jiǔ.

워더 셔우지 하오 스(sh) 링야오링 얼싼쓰우 리우치빠지우

제 휴대폰 번호는 010-2345-6789입니다.

* 숫자 '1'을 번호로 전달할 때는 'yāo'로 발음합니다.

단어

我 wǒ 나 的 de ~의
手机 shǒujī 휴대폰 号 hào 번호 是 shì ~이다

⏻ 我的手机号是 010-2345-6789。

'的 de'는 명사를 수식할 때 '~의'라는 뜻의 구조조사로 자주 쓰입니다. '手机 shǒujī'는 '손에 드는 기계'라는 뜻으로 '핸드폰, 휴대폰'을 의미합니다. '号 hào' 는 '번호'라는 뜻으로 '号码 hàomǎ'라고 하기도 하는데, '휴대폰 번호'는 手机 号 shǒujīhào라고 하면 됩니다.

⏻ 손가락으로 숫자 익히기

중국에서 물건을 사거나 거래를 할 때 숫자를 한 손으로 표현하는 일이 많습니 다. 발음을 어느 정도 익힌 후 손가락으로 각 숫자를 표현해보세요.

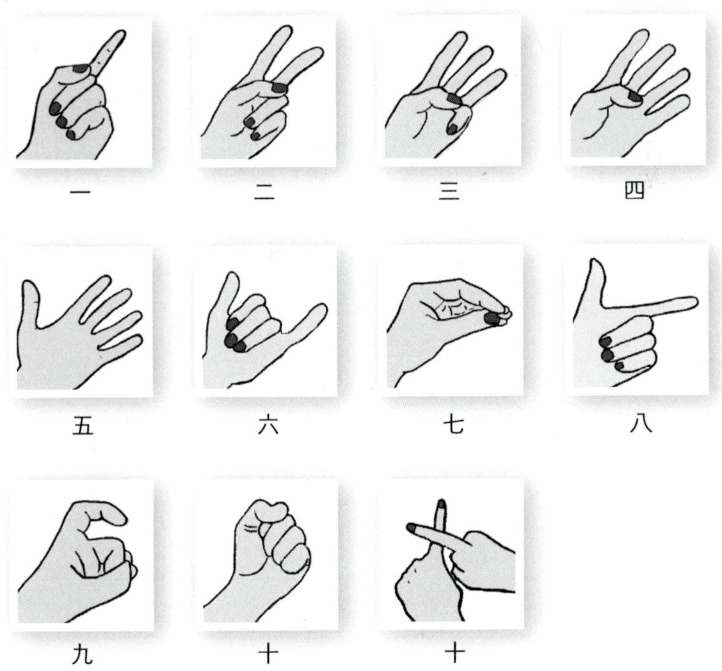

 바로바로 써먹는 상황별 회화

상황 1 휴대폰 번호를 물어볼 때

A: 你的手机号是多少?
Nǐ de shǒujī hào shì duōshao?

B: 010-2345-6789。
Líng yāo líng èr sān sì wǔ liù qī bā jiǔ.

상황 2 집 전화번호를 물어볼 때

A: 你家的电话号码是多少?
Nǐ jiā de diànhuà hàomǎ shì duōshao?

B: 02-987-6543。
Líng èr jiǔ bā qī liù wǔ sì sān.

상황 3 사무실 전화번호를 물어볼 때

A: 你的办公室电话号码是多少?
Nǐ de bàngōngshì diànhuà hàomǎ shì duōshao?

B: 070-5432-9876。
Líng qī líng wǔ sì sān èr jiǔ bā qī liù.

단어

多少 duōshao 얼마 家 jiā 집 电话 diànhuà 전화
号码 hàomǎ 번호 办公室 bàngōngshì 사무실

상황 1 휴대폰 번호를 물어볼 때

A: 휴대폰 번호가 어떻게 되세요?

B: 010-2345-6789예요.

상황 2 집 전화번호를 물어볼 때

A: 집 전화번호가 어떻게 되세요?

B: 02-987-6543이에요.

> **Tips** 전화번호를 묻는 표현?
> '多少 duōshao'는 '얼마'라는 뜻의 의문대명사로, 수량이나 가격, 번호 등을 물어볼 때
> 자주 쓰입니다. 번호를 물어볼 때는 '~이다'라는 뜻의 '是 shì'를 붙여서 '~是多少?'
> 라고 표현합니다. 전화번호를 중국어로 말할 때 '-'는 따로 표현하지 않아도 됩니다.

상황 3 사무실 전화번호를 물어볼 때

A: 사무실 전화번호가 어떻게 되세요?

B: 070-5432-9876이에요.

중국의 국가번호는 86으로 시작하며, 중국의 수도인 '北京'의 경우 지
역번호가 010으로 시작합니다, 휴대폰 번호는 보통 13X로 시작하는 경
우가 많습니다.

Step 1 아래 발음을 천천히 읽어보고 무슨 숫자인지 적어보세요.

shí _________   sì _________   jiǔ _________

liù _________   yī _________   qī _________

sān _________   bā _________   wǔ _________

èr _________

Step 2 다음 문장을 보고 중국어로 말할 수 있는지 체크해보세요.

1. 집 전화번호가 어떻게 되세요?   ☑   ☐

2. 휴대폰 번호가 어떻게 되세요?   ☐   ☐

3. 사무실 전화번호가 어떻게 되세요?   ☐   ☐

4. 010-2345-6789예요。   ☐   ☐

5. 02-987-65430이에요。   ☐   ☐

Step 3 실제 자신의 휴대폰 번호를 중국어로 연습해보세요.

我的手机号是 ______________________________。

Wǒ de shǒujīhào shì ______________________________.

我是韩国人

저는 한국 사람이에요

여러분은 현재 어느 지역에 살고 계시나요? 고향을 떠나 타지에서 살고 계신 분도 계실 텐데요. 이번 시간에는 자신이 사는 거주지 혹은 출신에 대해 소개하고 상대방에게 묻는 표현에 대해 알아볼게요.

국적이나 출신 등을 소개할 때는 '~이다'라는 뜻의 '是 shì'를 써서 표현할 수 있습니다. 거주지를 나타낼 때는 '살다, 거주하다'인 '住 zhù'를 써줍니다.

你是哪里人？
Nǐ shì nǎli rén? [니 스(sh) 날리런(r)]

어디 사람이세요?

我是首尔人。
Wǒ shì Shǒu'ěr rén. [워 스(sh) 셔우얼런(r)]

저는 서울 사람이에요.

我是韩国人。
Wǒ shì Hánguórén. [워 스(sh) 한구어런(r)]

저는 한국 사람이에요.

你住在哪儿？
Nǐ zhùzài nǎr? [니 쭈짜이 나알]

어디에서 사세요?

我住在釜山。
Wǒ zhùzài Fǔshān. [워 쭈짜이 푸(f)샨]

저는 부산에서 살아요.

단어

哪里 nǎli 어디　人 rén 사람　首尔 Shǒu'ěr 서울

韩国人 Hánguórén 한국인　住在 zhùzài ~에 살다

哪儿 nǎr 어디　釜山 Fǔshān 부산

你是哪里人?

'어디, 어느'라는 뜻의 '哪里 nǎli' 뒤에 '人 rén'이 붙은 '哪里人 nǎlirén'은 '어디 사람'이라는 뜻으로, 지역이나 출신 등을 물어볼 때 자주 쓰입니다. '哪里'는 '哪儿 nǎr'이라고도 합니다.

지시대명사

这 zhè 이	这个 zhè(zhèi)ge 이것	这儿 zhèr 여기 这里 zhèli
那 nà 그/저	那个 nà(nèi)ge 그것, 저것	那儿 nàr 저기, 거기 那里 nàli
哪 nǎ 어느	哪个 nǎ(něi)ge 어느 것	哪儿 nǎr 어디 哪里 nǎli

북방지역에서는 '这个'를 'zhèige', '那个'를 'nèige', '哪个'를 'něige'라는 발음으로 더 자주 씁니다.

> **Tips** '那'와 '哪'는 발음은 같으나 성조가 다르기 때문에, 실제 발음할 때 특히 주의해야 합니다.

你住在哪儿?

'住 zhù'는 '거주하다, 살다'라는 뜻으로 뒤에 '~에서'라는 뜻의 '在 zài'가 덧붙여져서 '住在~'는 '~에 살다'라는 의미가 됩니다.

我住在首尔。 저는 서울에서 살고 있습니다.
Wǒ zhùzài Shǒu'ěr.

상황 1 국적을 물어볼 때

A: 你是哪国人?
Nǐ shì nǎguórén?

B: 我是韩国人。
Wǒ shì Hánguórén.

상황 2 출신을 물어볼 때

A: 他是哪里人?
Tā shì nǎlirén?

B: 他是北京人。
Tā shì Běijīngrén.

상황 3 사는 곳을 물어볼 때

A: 你住在哪儿?
Nǐ zhùzài nǎr?

B: 我住在学校宿舍。
Wǒ zhùzài xuéxiào sùshè.

단어

他 tā 그　北京 Běijīng 베이징(지명)
学校 xuéxiào 학교　宿舍 sùshè 기숙사

상황 1 국적을 물어볼 때

A: 어느 나라 사람이세요?

B: 저는 한국 사람이에요.

상황 2 출신을 물어볼 때

A: 그 사람은 어디 출신이에요?

B: 베이징 출신이에요.

상황 3 사는 곳을 물어볼 때

A: 어디에서 사세요?

B: 학교 기숙사에서 살아요.

'哪 nǎ'는 '어느'라는 뜻입니다. '哪国人 nǎguórén'은 '어느 나라 사람'이라는 의미로 국적을 물어볼 때 주로 쓰입니다. 국가가 인접해 있고, 같은 동양 문화권이라서 실제 중국인을 만나면 국적을 묻기보다는 한국인, 일본인인지 여부, 어느 지역 사람인지를 묻고 답하는 경우도 많은 것 같습니다.

你是日本人吗? 일본인이세요? Nǐ shì Rìběnrén ma?

不, 我是韩国人。 아니요. 저는 한국인인데요.
Bù, wǒ shì Hánguórén.

 # 셀프 체크!!

Step 1 아래 발음을 천천히 읽어보고 무슨 뜻인지 적어보세요.

1. nǎguórén   ____

2. Hánguórén   ____

3. Běijīngrén   ____

4. nǎlirén   ____

Step 2 다음 문장을 보고 중국어로 말할 수 있는지 체크해보세요.

1. 저는 한국 사람이에요.   ☑   ☐

2. 그 사람 어디 출신이에요?   ☐   ☐

3. 그는 베이징 사람이에요.   ☐   ☐

4. 어디에서 사세요?   ☐   ☐

5. 어느 나라 사람이세요?   ☐   ☐

Step 3 여러분의 국적이나 출신과 사는 곳에 대해 간단하게 소개해보세요.

我是 ________, 我住在 ________。

Wǒ shì ________, wǒ zhùzài ________.

你今年多大?

올해 나이가 어떻게 되세요?

'나이는 숫자에 불과하다'라는 말이 있는데요. 중국어를 성인이 되어서 혹은 중년 이상이 되어서 배우셔도 잘하시는 분들이 정말 많습니다. 너무 늦었다고 생각하지 마시고, 무언가를 새로 시작한다는 설레는 마음으로 즐겁게 공부하셨으면 좋겠습니다. 이번 시간에는 예전에 배운 숫자를 활용하여, 나이를 묻고 답하는 표현에 대해 공부해보겠습니다.

나이는 '나이 세(歲)' 자인 '岁 suì'를 써서 표현할 수 있습니다. 나이를 물어볼 때는 '얼마나 나이가 많나?'라는 뜻의 '多大 duōdà'를 씁니다.

你多大了?
Nǐ duōdà le? [니 뚜어따 러]

몇 살이세요?

你今年多大?
Nǐ jīnnián duōdà? [니 진니엔 뚜어따]

올해 나이가 어떻게 되세요?

我三十岁。
Wǒ sānshí suì. [워 싼스(sh) 쑤에이]

저는 서른 살이에요.

她四十了。
Tā sìshí le. [타 쓰스(sh) 러]

그녀는 마흔이 되었어요.

他今年五十三岁。
Tā jīnnián wǔshí sān suì. [타 진니엔 우스(sh)싼 쑤에이]

그는 올해 쉰세 살이에요.

단어

多 duō 얼마나　大 dà 나이가 많다　了 le 어기조사
今年 jīnnián 올해　三十 sānshí 숫자 30
岁 suì ~세(살)　四十 sìshí 숫자 40　五十三 wǔshí sān 숫자 53

⏻ 你多大了?

'크다'라는 뜻의 '大 dà'는 '나이가 많다'라는 뜻으로도 자주 쓰입니다. 일반적으로 사람을 '大 dà'로 묘사하는 것은 나이를 얘기하는 경우입니다. '작을 소' 자인 '小 xiǎo' 역시 '나이가 적다, 어리다'라는 뜻으로 쓰입니다.

他很大。그는 나이가 많아요.
Tā hěn dà.
她很小。그녀는 어려요.
Tā hěn xiǎo.

'多 duō'는 '많다'라는 뜻의 형용사로도 쓰이지만, 형용사 앞에서 '얼마나'라는 의미로 형용사를 수식해주기도 합니다. '多大 duōdà'는 '얼마나 나이가 많은가?'라는 의미로 나이를 물어볼 때 자주 쓰는 표현이 됩니다. 뒤에 변화를 나타내는 어기조사 '了 le'를 쓰며, 쓰지 않아도 괜찮습니다.

⏻ 她四十了。

나이에 대한 질문에 대답을 하거나, 자신의 나이를 소개할 때 [숫자 + 岁]로 표현하면 되는데, 회화에서는 '岁'도 생략해서 말하는 경우가 많습니다. 한자리 숫자인 경우는 생략할 수 없으며 뒤에 변화의 어감을 나타내는 어기조사 '了 le'와 함께 쓰는 경우가 많습니다.

상황 1 동년배에게 나이를 물을 때

A: 你多大了?
Nǐ duōdà le?

B: 我二十三岁。
Wǒ èrshí sān suì.

상황 2 어르신께 나이를 물을 때

A: 您今年多大年纪了?
Nín jīnnián duōdà niánjì le?

B: 我快七十了。
Wǒ kuài qīshí le.

상황 3 어린아이에게 나이를 물을 때

A: 你几岁?
Nǐ jǐ suì?

B: 我八岁。
Wǒ bā suì.

단어
二十三 èrshí sān 숫자 23　年纪 niánjì 나이, 연세
快~了 kuài~le 곧 있으면 ~이다　几 jǐ 몇

상황 1 동년배에게 나이를 물을 때

A: 나이가 어떻게 되세요?

B: 스물 셋이에요.

상황 2 어르신께 나이를 물을 때

A: 올해 연세가 어떻게 되세요?

B: 좀 있으면 일흔이네요.

상황 3 어린아이에게 나이를 물을 때

A: 너 몇 살이니?

B: 8살이에요.

·중국에서는 띠를 묻고 답하지는 않나요?

중국에서도 우리와 마찬가지로 12간지를 이용해 나이를 표현하기도 합니다. 띠를 나타낼 때는 '~에 속하다'라는 뜻인 '属 shǔ'를 써서 표현합니다.

你属什么? 띠가 뭐예요? Nǐ shǔ shénme?

我属牛。 저는 소띠예요. Wǒ shǔ niú.

鼠	牛	虎	兔	龙	蛇	马	羊	猴	鸡	狗	猪
shǔ	niú	hǔ	tù	lóng	shé	mǎ	yáng	hóu	jī	gǒu	zhū
쥐	소	호랑이	토끼	용	뱀	말	양	원숭이	닭	개	돼지

Step 1 아래 발음을 천천히 읽어보고 무슨 뜻인지 적어보세요.

1. duōdà   ________________________________

2. jīnnián   ________________________________

3. sānshí suì   ________________________________

4. Tā sìshí le.   ________________________________

Step 2 다음 문장을 보고 중국어로 말할 수 있는지 체크해보세요.

1. 올해 나이가 어떻게 되세요?   ☑   ☐

2. 저는 서른 살이에요.   ☐   ☐

3. 그녀는 마흔이 되었어요.   ☐   ☐

4. 그는 올해 쉰세 살이에요.   ☐   ☐

Step 3 여러분의 나이를 중국어로 표현해보세요.

我今年 ________ 岁。

Wǒ jīnnián ________ suì.

我是大学生

저는 대학생입니다

여러분은 현재 어떤 일을 하고 계시나요? 학생인 분도 계시고, 직장을 다니시는 분, 육아 중이신 분 혹은 이미 퇴직을 하셔서 일을 하고 계시지 않은 분도 계시죠? 이번 시간에는 자신의 일을 소개하는 표현에 대해서 알아보겠습니다.

자신의 직업을 소개할 때는 '〜이다'라는 뜻의 '是 shì'로 신분을 나타내거나, '일을 하다'라는 뜻의 '工作 gōngzuò'를 써서 표현할 수 있습니다.

我是大学生。
Wǒ shì dàxuéshēng. [워 스(sh) 따쉬에셩]

저는 대학생입니다.

我是英语老师。
Wǒ shì Yīngyǔ lǎoshī. [워 스(sh) 잉위 라오스(shi)]

저는 영어 선생님입니다.

我是公司职员。
Wǒ shì gōngsī zhíyuán. [워 스(sh) 꽁스 즈(zh)위엔]

저는 회사원입니다.

我在公司工作。
Wǒ zài gōngsī gōngzuò. [워 짜이 꽁쓰 꽁쭈어]

저는 회사 다녀요.

我不工作。
Wǒ bù gōngzuò. [워 뿌 꽁쭈어]

저는 일을 안 해요.

단어

大学生 dàxuéshēng 대학생　在 zài 〜에서
公司 gōngsī 회사　工作 gōngzuò 일하다　不 bù 아니다

⏻ 我在公司工作。

'在 zài' 는 '~에 있다'라는 뜻의 동사로도 쓰이고, [在 + 장소 + 동사]의 순이면 전치사로 '~에서'라는 의미가 됩니다. '工作 gōngzuò'는 '일, 일하다'라는 의미로, 명사, 동사 모두 씁니다.

> **Tips** '회사'는 한자 그대로 '會社'를 쓰지 않고, '公司 gōngsī'라고 합니다. 참고로, 우리가 쓰는 '○○공사'는 '○○公社'입니다.

직업을 소개하는 방법은 크게 두 가지입니다. 바로 신분을 소개할 수도 있고, 근무하는 기관 등을 써서 표현할 수도 있습니다.

我是银行职员。 저는 은행원입니다.
Wǒ shì yínháng zhíyuán.
我在银行工作。 저는 은행에서 일해요.
Wǒ zài yínháng gōngzuò.

정식으로 일을 하는 것이 아닌 파트타임으로 일하는 '아르바이트하다'는 '打工 dǎgōng' 혹은 '打临时工 dǎ línshígōng'이라는 표현을 씁니다.

我在便利店打工。 저는 편의점에서 아르바이트 해요.
Wǒ zài biànlìdiàn dǎgōng.

상황 1 직업에 대해 1

A: 你在公司工作吗?
Nǐ zài gōngsī gōngzuò ma?

B: 不, 我是大学生。
Bù, wǒ shì dàxuéshēng.

상황 2 직업에 대해 2

A: 你是做什么的?
Nǐ shì zuò shénme de?

B: 我是学校老师。
Wǒ shì xuéxiào lǎoshī.

상황 3 근무지에 대해

A: 你在哪儿工作?
Nǐ zài nǎr gōngzuò?

B: 我在银行工作。
Wǒ zài yínháng gōngzuò.

단어

做 zuò 하다 的 de ~의 사람, ~의 것
学校 xuéxiào 학교 老师 lǎoshī 선생님 银行 yínháng 은행

상황 1 직업에 대해 1

A: 회사 다니시나요?

B: 아니요, 저는 대학생입니다.

상황 2 직업에 대해 2

A: 무슨 일 하세요?

B: 저는 학교 선생님입니다.

상황 3 근무지에 대해

A: 어디에서 근무하세요?

B: 저는 은행에서 근무해요.

직업을 물어보는 표현은 다양합니다. 일단 무슨 일을 하는지 물어볼 때는 '你做什么工作？ Nǐ zuò shénme gōngzuò?' 혹은 좀 더 회화체로 '你是做什么的？ Nǐ shì zuò shénme de?'라고 물어볼 수 있으며, 어디에서 근무하는지 물어보려면 '你在哪儿工作？ Nǐ zài nǎr gōngzuò?'로 표현할 수 있습니다.

Step 1 아래 발음을 천천히 읽어보고 무슨 뜻인지 적어보세요.

1. dàxuéshēng ___________________________________

2. gōngsī zhíyuán ___________________________________

3. gōngzuò ___________________________________

4. yínháng ___________________________________

Step 2 다음 문장을 보고 중국어로 말할 수 있는지 체크해보세요.

1. 저는 대학생입니다.   ☑   ☐

2. 저는 회사원입니다.   ☐   ☐

3. 무슨 일 하세요?   ☐   ☐

4. 어디에서 근무하세요?   ☐   ☐

5. 저는 은행에서 근무해요.   ☐   ☐

Step 3 여러분의 직업에 대해 중국어로 간단하게 소개해보세요.

我是 _______。我在 _______ 工作。

Wǒ shì _______. Wǒ zài _______ gōngzuò.

중국인이 좋아하는 숫자

중국인들에게 숫자 '8'은 특별한 의미가 있습니다. '发财 fācái'는 '돈을 벌다'라는 뜻인데 '发 fā'가 숫자 '八 bā'와 발음이 비슷하다고 해서 숫자 '8'은 '재물을 벌어들이다'라는 '길(吉)'을 상징합니다. 2008년 베이징 올림픽도 8월 8일 8시에 개최되었고, '8'이 들어간 휴대폰 번호나 차번호를 비싼 값에 구매하는 경우도 있으며, 물건 값도 '8'로 끝나는 경우를 쉽게 볼 수 있습니다.

이 외에도 '6'은 '순조롭다'라는 의미의 '流 liú'와 발음이 비슷하다고 해서 선호되며, '9'는 '오래되다'라는 의미의 '久 jiǔ'와 발음이 비슷해서 좋은 의미로 쓰이는 경우가 많습니다.

의문대명사

의문대명사는 상대방과 대화를 할 때 아주 중요한 부분 중의 하나입니다. 각 의문대명사를 알고, 예문을 통해 어떻게 쓰이는지 익혀보세요. 의문대명사가 들어가는 의문문은 일반적으로 의문어기조사 '吗 ma'를 쓰지 않습니다.

누구 谁 shéi

(예) 他是谁? 그는 누구예요?
Tā shì shéi?

这是谁的手机? 이건 누구 휴대폰이에요?
Zhè shì shéi de shǒujī?

언제 什么时候 shénme shíhòu

(예) 他什么时候回来? 그는 언제 들어오세요?
Tā shénme shíhòu huílai?

你什么时候下班? 언제 퇴근하세요?
Nǐ shénme shíhòu xiàbān?

어디 哪儿 nǎr

(예) 你去哪儿? 어디 가세요?
Nǐ qù nǎr?

你在哪儿? 어디세요?
Nǐ zài nàr?

무엇 什么 shénme

(예) 这是什么? 이건 뭐예요?
Zhè shì shénme?

你要喝什么? 뭐 마실래요?
Nǐ yào hē shénme?

84

어떻게 怎么 zěnme

예 怎么去? 어떻게 가요?
Zěnme qù?

用汉语怎么说? 중국어로 어떻게 말해요?
Yòng Hànyǔ zěnme shuō?

왜 为什么 wèi shénme

예 为什么不吃? 왜 안 드세요?
Wèi shénme bù chī?

你为什么学习汉语? 중국어 왜 배우세요?
Nǐ wèi shénme xuéxí Hànyǔ?

얼마 多少 duōshao

예 多少钱? 얼마예요?
Duōshao qián?

你们公司有多少职员? 회사에 직원이 얼마나 있어요?
Nǐmen gōngsī yǒu duōshao zhíyuán?

몇 几 jǐ

예 你们班有几个人? 반에 몇 명 있어요?
Nǐmen bān yǒu jǐ gerén?

你几岁了? 몇 살이니?
Nǐ jǐ suì le?

* '几'는 일반적으로 한정된 수나, 1~10 정도의 적은 수량을 물어볼 때 자주 씁
니다. 多少는 뒤에 양사가 오지 않아도 되지만, 几는 양사를 꼭 써줍니다.

你家都有什么人?

가족은 누가 있나요?

여러분의 가족 구성원은 누가 있나요? 중국인과 만나서 조금 가까워지면 가족관계에 대해 조심스럽게 물어볼 수도 있을 것 같은데요. 이번 파트에서는 가족을 소개하는 내용에 대해 알아보도록 할게요.

바로바로 써먹는 핵심 표현

가족 구성원을 소개할 때는 '~이 있다'라는 뜻의 '有 yǒu'를 써서 표현할 수 있습니다.

你家都有什么人?　가족은 누가 있나요?
Nǐ jiā dōu yǒu shénme rén? [니 지아 또우 요우 션머런(r)]

我家有三口人。　저희 집은 세 식구예요.
Wǒ jiā yǒu sān kǒu rén. [워 지아 요우 싼 커우런(r)]

我家有爸爸、妈妈和我。　아빠, 엄마, 그리고 저예요.
Wǒ jiā yǒu bàba, māma hé wǒ. [워 지아 요우 빠바, 마마 허 워]

我有一个哥哥。　저는 오빠(형)가 한 명 있어요.
Wǒ yǒu yí ge gēge. [워 요우 이거 꺼거]

我有两个姐姐。　저는 언니(누나)가 두 명 있어요.
Wǒ yǒu liǎng ge jiějie. [워 요우 리앙 거 지에지에]

단어

家 jiā 집　有 yǒu 있다　都 dōu 모두　什么人 shénme rén 어떤 사람, 누구
口 kǒu 식구를 세는 양사　和 hé ~와, ~과
个 ge 사람이나 사물 등을 세는 양사　哥哥 gēge 오빠나 형
两 liǎng 둘　姐姐 jiějie 언니나 누나

你家都有什么人？

'무엇, 무슨'이라는 뜻의 '什么 shénme'가 '人 rén'을 수식하여, '什么人 shénme rén'은 '어떤 사람, 누구'라는 뜻으로 쓰입니다. '누구'라는 뜻의 의문대명사인 '谁 shéi'로 바꿔 쓸 수 있습니다.

我家有三口人。

'有 yǒu'는 '～이(가) 있다'라는 뜻으로 소유나 존재 등을 표현하는데, '我家有' 뒤에 식구 수나 가족구성원 등을 덧붙여서 가족을 소개할 수 있습니다. 이때, '식구'라는 뜻의 양사 '口 kǒu'를 주로 씁니다.

我家有四口人, 爸爸、妈妈、一个弟弟和我。
Wǒ jiā yǒu sì kǒu rén, bàba, māma, yíge dìdi hé wo.
저희 집은 네 식구예요, 아빠, 엄마, 남동생 그리고 저요.

> **Tips** 、'는 '顿号 dùnhào'라고 하는데, 비슷한 성질의 것을 나열할 때 주로 쓰입니다. 일반적으로 여러 개의 단어를 나열할 때는 '、、'로 쓰다가 마지막에 '～와, 과'라는 뜻의 '和 hé'를 써줍니다.

我有一个哥哥。

물건이나 사람 등을 세는 것을 '양사'라고 하는데, 대표적인 양사 중의 하나가 바로 '个 ge'입니다. 우리말의 '개(個)'의 간체자로, 물건을 셀 때 '～개'의 의미로도 쓰이고 사람을 셀 때도 자주 쓴다는 점을 기억하세요. 양사를 쓰는 순서는 [수사 + 양사 + 명사]순으로 우리말과 차이가 있기 때문에 기억해두는 것이 좋습니다.

 ## 바로바로 써먹는 상황별 회화

상황 1 가족 구성원이 궁금할 때

A: 你家都有什么人？
Nǐ jiā dōu yǒu shénme rén?

B: 我家有爱人、一个女儿和一个儿子。
Wǒ jiā yǒu àiren, yí ge nǚ'ér hé yí ge érzi.

상황 2 몇 식구인지 궁금할 때

A: 你家有几口人？
Nǐ jiā yǒu jǐ kǒu rén?

B: 我家有五口人。
Wǒ jiā yǒu wǔ kǒu rén.

상황 3 형제 관계가 궁금할 때

A: 你有兄弟姐妹吗？
Nǐ yǒu xiōngdì jiěmèi ma?

B: 我有一个弟弟和两个妹妹。
Wǒ yǒu yí ge dìdi he liǎng ge mèimei.

단어 爱人 àiren 배우자 **女儿** nǚ'ér 딸 **儿子** érzi 아들 **几** jǐ 몇
五 wǔ 숫자 5 **兄弟姐妹** xiōngdì jiěmèi 형제자매
两 liǎng 둘 (*양사 앞에서는 二 èr을 쓰지 않고 **两** liǎng을 씁니다)

상황 1 가족 구성원이 궁금할 때

A: 가족은 누가 있나요?

B: 아내와 딸 한 명, 아들 한 명 있어요.

상황 2 몇 식구인지 궁금할 때

A: 식구가 몇 명이에요?

B: 저희 집은 다섯 식구예요.

상황 3 형제 관계가 궁금할 때

A: 형제가 있으세요?

B: 남동생 한 명 여동생 한 명 있어요.

· 중국의 인구 산아정책

중국은 인구산아정책으로 한족에 한하여 자녀를 1명만 낳도록 하여서 80년 이후에 태어난 한족들은 형제가 없는 경우가 많습니다. 때문에, '형제가 몇 명이세요?(你有几个兄弟姐妹? Nǐ yǒu jǐ ge xiōngdì jiěmèi?)'보다는 '형제가 있어요?(你有兄弟姐妹吗? Nǐ yǒu xiōngdì jiěmèi ma?)'라는 표현이 더 자연스러울 수 있습니다. '형제'는 '兄弟姐妹 xiōngdì jiěmèi'라는 표현을 주로 씁니다.

Step 1 아래 발음을 천천히 읽어보고 무슨 뜻인지 적어보세요.

1. shénme rén _______________________________________

2. sān kǒu rén _______________________________________

3. yí ge gēge _______________________________________

4. liǎng ge jiějie _______________________________________

Step 2 다음 문장을 보고 중국어로 말할 수 있는지 체크해보세요.

1. 가족은 누가 있나요?　　　　　　　　　　☑　　□

2. 저희 집은 세 식구예요.　　　　　　　　　□　　□

3. 저는 오빠(형)가 한 명 있어요.　　　　　□　　□

4. 저는 언니(누나)가 두 명 있어요.　　　　□　　□

Step 3 여러분의 가족 구성원은 어떻게 되는 지 중국어로 소개해보세요.

我家有 ________ 口人。

Wǒ jiā yǒu ________ kǒu rén.

我家有 ________、________、________ 和我。

Wǒ jiā yǒu ________、________、________ hé wǒ.

我是老大

저는 장남(장녀)이에요

여러분은 형제가 있으신가요? 형제가 많은 경우는 형제의 서열에 대해 표현하기도 하죠. 중국은 한 가족 한 자녀 정책으로 형제가 없는 외동아들, 외동딸이 많은 편입니다. 오늘은 형제관계의 서열에 대해서 함께 알아볼게요.

형제나 자녀의 서열을 나타낼 때는 '老 lǎo'를 써서 표현하며, 외동딸이나 외동아들은 '独生 dúshēng'이라는 표현을 써줍니다.

我是老大。
Wǒ shì lǎodà. [워 스(sh) 라오따]
저는 장남(장녀)이에요.

我是独生子。
Wǒ shì dúshēngzǐ. [워 스(sh) 두셩즈]
저는 외동아들이에요.

我是独生女。
Wǒ shì dúshēngnǚ. [워 스(sh) 두셩뉘]
저는 외동딸이에요.

他是老幺。
Tā shì lǎoyāo. [타 스(sh) 라오야오]
저는 막내예요.

老二是女儿。
Lǎo' èr shì nǚ'ér. [라오얼 스(sh) 뉘얼]
둘째가 딸이에요.

단어

老大 lǎodà 장남(장녀) 혹은 첫째 아이　独生子 dúshēngzǐ 외동아들
老小 lǎoyāo 막내　女儿 nǚ'ér 딸

⏻ 我是老大。

우리말의 장남, 장녀는 한자 그대로 표현하지 않고, '老 lǎo' 뒤에 '大 dà'를 써서 표현하면 됩니다. 남녀 구분 상관없이 동일하게 씁니다.

Tips 회화에서 단체를 이끄는 리더나 보스(boss) 등을 '老大'로 부르기도 합니다.

我们老大是女儿。 우리 큰 애가 딸이에요.
Wǒmen lǎodà shì nǚ'ér.

⏻ 我是独生子/独生女。

형제가 없는 외동아들이나 외동딸은 모두 '独生 dúshēng' 뒤에 '아들 자' 자인 '子 zǐ'와 '여자 녀' 자인 '女 nǚ'를 써서, 각각 '独生子 dúshēngzǐ' 혹은 '独生女 dúshēngnǚ'라고 표현합니다.

⏻ 他是老幺。

형제나 자녀의 서열에서 '막내'를 표현할 때는 '老 lǎo' 뒤에 '작을 요' 자인 '幺 yāo'를 써서 표현합니다.

⏻ 老二是女儿。

서열에서 두 번째부터는 숫자를 써서 표현할 수 있습니다. 예를 들어 '둘째'는 '老' 뒤에 숫자 '二 èr'을 붙여서 '老二 lǎo' èr'이라고 하면 되며, '셋째'는 숫자 '三 sān'을 붙여 '老三 lǎo sān'이라고 할 수 있습니다.

 바로바로 써먹는 상황별 회화

상황 1 장녀 혹은 장남인지 궁금할 때

A: 你是老大吗?
Nǐ shì lǎodà ma?

B: 对, 我是老大。
Duì, wǒ shì lǎodà.

상황 2 형제간의 서열이 궁금할 때

A: 你是老几?
Nǐ shì lǎo jǐ?

B: 我是老幺。
Wǒ shì lǎoyāo.

상황 3 자녀의 서열과 성별에 대해 소개할 때

- 老大是女儿。
Lǎodà shì nǚ'ér.

- 老二是儿子。
Lǎo' èr shì érzi.

단어
对 duì 맞다　几 jǐ 몇
儿子 érzi 아들

상황 1 장녀 혹은 장남인지 궁금할 때

A: 장남이세요?

B: 네, 저는 장남이에요.

상황 2 형제간의 서열이 궁금할 때

A: 몇 째예요?

B: 저는 막내예요.

상황 3 자녀의 서열과 성별에 대해 소개할 때

• 큰애는 딸이에요.

• 둘째는 아들이에요.

중국어로 '딸'은 '女儿 nǚ'ér', '아들'은 '儿子 érzi'이라고 합니다. 형제 관계를 얘기할 때 우리는 '○남○녀 중 몇 째'라는 표현을 쓰는데, 중국 어는 '○男○女'라는 표현을 쓰지 않으므로 주의해야 합니다.

만약 '3녀 중 둘째다'라고 표현하고 싶다면, '我家有三个姐妹, 我是 老二。'이라고 풀어서 표현해야 합니다. '자매'라는 뜻의 '姐妹 jiěmèi'나 '형제'의 뜻인 '兄弟 xiōngdì'를 써서 표현할 수 있습니다.

Step 1 아래 발음을 천천히 읽어보고 무슨 뜻인지 적어보세요.

1. lǎodà   ________________________________

2. dúshēngzǐ   ________________________________

3. dúshēngnǚ   ________________________________

4. lǎoyāo   ________________________________

Step 2 다음 문장을 보고 중국어로 말할 수 있는지 체크해보세요.

1. 저는 장남(장녀)이에요.   ☑   ☐

2. 저는 막내예요.   ☐   ☐

3. 저는 외동아들이에요.   ☐   ☐

4. 저는 외동딸이에요.   ☐   ☐

5. 둘째가 딸이에요.   ☐   ☐

我还没结婚

저는 아직 미혼이에요

여러분은 결혼하셨나요? 요즘에는 결혼 적령기가 많이 늦어지고 있어서 결혼을 했는지 여부를 묻는 것이 조심스럽기는 합니다. 자신의 결혼 여부뿐 아니라 상대방 혹은 다른 사람의 결혼 여부에 대해서도 물어볼 수도 있을 텐데요. 이번 파트에서는 이와 관련하여 함께 알아보도록 하겠습니다.

'결혼'은 한자 그대로 '结婚'이라고 하며 발음은 'jiéhūn'입니다. 결혼을 했으면 뒤에 '了 le'를, 안 했으면 앞에 '没 méi'를 붙여주면 됩니다.

你结婚了吗? 결혼하셨어요?
Nǐ jiéhūn le ma? [니 지에훈 러 마]

我结婚了。 저는 결혼했어요.
Wǒ jiéhūn le. [워 지에훈 러]

他没结婚。 그는 결혼하지 않았어요.
Tā méi jiéhūn. [타 메이 지에훈]

我姐姐结婚了。 저희 언니(누나)는 결혼했어요.
Wǒ jiějie jiéhūn le. [워 지에지에 지에훈러]

我们还没有孩子。 저희는 아직 아이가 없어요.
Wǒmen hái méiyǒu háizi. [워먼 하이 메이요우 하이즈]

단어

结婚 jiéhūn 결혼하다　了 le 완료나 변화 등을 나타내는 어기조사
还 hái 아직　没 méi ~하지 못했다
姐姐 jiějie 누나, 언니　我们 wǒmen 우리
没有 méiyǒu 없다　孩子 háizi 아이

⏻ 你结婚了吗?

동작의 완료나 상황의 발생 등을 나타낼 때는 동사나 문장 맨 끝에 '了 le'를 써서 표현합니다.

我看了。 저는 봤어요.
Wǒ kàn le.
你吃饭了吗? 식사하셨나요?
Nǐ chīfàn le ma?

⏻ 他没结婚。

'~했어요?'라는 뜻으로 '了 le'를 써서 질문을 하면, 부정은 '不 bù'가 아닌 '没 méi'로 표현합니다.

我没吃饭。 저는 밥을 안 먹었어요.
Wǒ méi chī fàn.
我没看。 저는 안 봤어요.
Wǒ méi kàn.

⏻ 我们还没有孩子。

'没有 méiyǒu'는 이미 발생한 사실에 대한 부정으로 '아니다'라는 의미로도 쓰이지만, '있다'라는 뜻의 '有 yǒu'의 부정인 '없다'의 의미로도 자주 쓰입니다. '还 hái'는 '아직'이라는 뜻의 부사로 쓰입니다.

상황 1 상대방이 결혼했는지에 대해

A: 请问，你结婚了吗？
Qǐngwèn, nǐ jiéhūn le ma?

B: 我还没结婚。
Wǒ hái méi jiéhūn.

상황 2 다른 사람의 결혼 여부에 대해

A: 你姐姐结婚了吗？
Nǐ jiějie jiéhūn le ma?

B: 她结婚了。
Tā jiéhūn le.

상황 3 아이의 유무에 대해

A: 你们有孩子吗？
Nǐmen yǒu háizi ma?

B: 我们还没有孩子。
Wǒmen hái méiyǒu háizi.

단어
请问 qǐngwèn 말씀 좀 여쭐게요. 실례지만.
有 yǒu 있다

상황 1 상대방이 결혼했는지에 대해

A: 실례지만, 결혼하셨어요?

B: 저는 아직 미혼이에요.

상황 2 다른 사람의 결혼 여부에 대해

A: 언니는 결혼했어요?

B: 결혼했어요.

상황 3 아이의 유무에 대해

A: 아이가 있으세요?

B: 저희는 아직 아이가 없어요.

· 请问 qǐngwèn

상대방에게 무언가 물어볼 때, 우리말의 '저기요, 실례지만, 말씀 좀 여쭐게요' 등의 의미로 유용하게 쓸 수 있는 표현입니다. 상대방의 신상 관련 질문을 하거나, 길을 묻거나 할 때 다짜고짜 바로 질문을 하기보다는 '请问'을 쓰면 정중하게 표현할 수 있습니다.

 셀프 체크!!

 아래 발음을 천천히 읽어보고 무슨 뜻인지 적어보세요.

1. jiéhūn _______________________________

2. hái méi jiéhūn _______________________________

3. jiéhūn le _______________________________

4. méiyǒu háizi _______________________________

 다음 문장을 보고 중국어로 말할 수 있는지 체크해보세요.

1. 결혼하셨어요? ☑ ☐

2. 저는 결혼했어요. ☐ ☐

3. 아직 미혼이에요. ☐ ☐

4. 저희는 아직 아이가 없어요. ☐ ☐

 자신의 결혼 여부에 대해서 간단하게 소개해보세요.

➔ _______________________________.

我沒有男朋友

저는 남자친구가 없어요

여러분은 현재 혹시 교제하고 있는 남자친구나 여자친구가 있으신가요? 혹시 사귀고 있다면 사귀신 지는 얼마나 되셨나요? 이번 파트에서는 애인 유무와 교제기간을 표현하는 내용에 대해 함께 알아볼게요.

 바로바로 써먹는 핵심 표현

교제하고 있는 남자친구는 '男朋友 nánpéngyou', 여자친구는 '女朋友 nǚpéngyou'라는 표현을 씁니다. '사귀다, 교제하다'는 '交往 jiāowǎng'을 쓰면 됩니다.

你有女朋友吗?　　여자친구가 있으세요?
Nǐ yǒu nǚ péngyou ma? [니 요우 뉘펑요우 마]

我没有男朋友。　　저는 남자친구가 없어요.
Wǒ méiyǒu nán péngyou. [워 메이요우 난펑요우]

他有女朋友了。　　그는 여자친구가 생겼어요.
Tā yǒu nǚ péngyou le. [타 요우 뉘펑요우 러]

我妹妹有男朋友。　　제 여동생은 남자친구가 있어요.
Wǒ mèimei yǒu nán péngyou. [워 메이메이 요우 난펑요우]

我们交往两年了。　　저희는 사귄 지 2년 되었어요.
Wǒmen jiāowǎng liǎng nián le. [워먼 지아오왕 리앙니엔 러]

단어

女朋友 nǚ péngyou 여자친구　没有 méiyǒu 없다
男朋友 nán péngyou 남자친구　妹妹 mèimei 여동생
交往 jiāowǎng 교제하다, 사귀다　年 nián 년　了 le 어기조사

⏻ 你有女朋友吗?

'朋友 péngyou'는 '친구'라는 뜻으로 앞에 '男 nán'이나 '女 nǔ'가 덧붙여지면
남녀 간의 교제하는 사이를 의미합니다.

⏻ 我没有男朋友。

'有 yǒu'는 '~이 있다'라는 뜻으로 뒤에 사물이나 사람, 장소 등이 올 수 있습
니다. '有'의 반대말은 '不有'가 아닌 '没有 méiyǒu'입니다. '~이 없다'라는 뜻
입니다.

我没有现金。저는 현금이 없는데요.
Wǒ méiyǒu xiànjīn.
这里没有厕所。여기에는 화장실이 없어요.
Zhèli méiyǒu cèsuǒ.

⏻ 他有女朋友了。

문장 맨 끝에 '了 le'가 들어가면 상황의 발생이나 변화 등을 의미합니다. '있다'
라는 뜻의 '有'가 들어간 문장 맨 끝에 '了'가 들어가면 '생기다'라는 의미가 됩
니다.

⏻ 我们交往两年了。

'交往 jiāowǎng'은 '교제하다'라는 뜻의 동사입니다. 일반적으로 동사가 행해지
는 시간의 양을 표현하는 것을 '시량보어'라고 하는데, 시량보어는 일반적으로
동사 뒤에 위치합니다.

상황 1 애인의 유무를 물어볼 때

A: 你有女朋友吗?
Nǐ yǒu nǚ péngyou ma?

B: 我没有女朋友。
Wǒ méiyǒu nǚ péngyou.

상황 2 교제기간을 표현할 때

A: 你妹妹有男朋友吗?
Nǐ mèimei yǒu nán péngyou ma?

B: 有，他们交往一年了。
Yǒu, tāmen jiāowǎng yì nián le.

상황 3 헤어졌을 때

A: 你不是有男朋友吗?
Nǐ bú shì yǒu nán péngyou ma?

B: 我们分手了。
Wǒmen fēnshǒu le.

단어

他们 tāmen 그들　一年 yì nián 1년
不是 bú shì 아니다　分手 fēnshǒu 헤어지다, 이별하다

상황 1 애인의 유무를 물어볼 때

A: 여자친구가 있으세요?

B: 여자친구가 없어요.

상황 2 교제기간을 표현할 때

A: 여동생은 남자친구 있어요?

B: 네, 걔네들은 사귄 지 1년 되었어요.

상황 3 헤어졌을 때

A: 남자친구 있지 않아요?

B: 저희는 헤어졌어요.

· 不是~吗? bú shì ~ ma?

'不是 bú shì'는 '是'에 대한 부정으로 '~이 아니다'라는 의미인데, 의문문에서 문장 맨 끝에 어기조사 '吗 ma'와 함께 쓰여 '~ 아니에요?'라는 의미로 반문의 어기를 나타냅니다.

他不是中国人吗? 그 사람 중국인 아니예요?
Tā búshì Zhōngguórén ma?

Step 1 아래 발음을 천천히 읽어보고 무슨 뜻인지 적어보세요.

1. nǚ péngyou ______________________________

2. nán péngyou ____________________________

3. jiāowǎng ______________________________

Step 2 다음 문장을 보고 중국어로 말할 수 있는지 체크해보세요.

1. 여자친구가 있으세요?　　☑　☐

2. 저는 남자친구가 없어요.　　☐　☐

3. 제 여동생은 남자친구가 있어요.　　☐　☐

4. 그는 여자친구가 생겼어요.　　☐　☐

5. 저희는 사귄 지 2년 되었어요.　　☐　☐

你爸爸做什么工作?

아버지는 무슨 일을 하세요?

자신의 직업을 소개하는 것 외에도 자신의 부모님 혹은 형제, 자녀 등의 신분이나 직업을 소개할 경우가 있는데요. 이번 시간에는 가족이나 타인의 직업을 표현하는 내용에 대해 배워보도록 할게요.

타인의 직업을 소개할 때도 자신의 직업을 소개할 때와 비슷한 표현을 씁니다. '是 shì'나 '工作 gōngzuò' 등을 써주면 됩니다.

你爸爸做什么工作？ 아버지는 무슨 일을 하세요?
Nǐ bàba zuò shénme gōngzuò? [니 빠바 쭈어 션머 꽁쭈어]

你妈妈在哪儿工作？ 어머니는 어디에서 근무하세요?
Nǐ māma zài nǎr gōngzuò? [니 마마 짜이 나알 꽁쭈어]

你爱人不工作吗？ 아내(남편)분은 일 안 하세요?
Nǐ àiren bù gōngzuò ma? [니 아이런(r) 뿌 꽁쭈어 마]

他是公务员。 그는 공무원이에요.
Tā shì gōngwùyuán. [타 스(sh) 꽁우위엔]

我女儿上小学二年级。 제 딸은 초등학교 2학년이에요.
Wǒ nǚ'ér shàng xiǎoxué èr niánjí. [워 뉘얼 샹 시아오쉬에 얼니엔지]

단어

做 zuò 하다 工作 gōngzuò 일(하다) 爱人 àiren 배우자

哪儿 nǎr 어디 公务员 gōngwùyuán 공무원

上 shàng (학교 등에) 다니다 小学 xiǎoxué 초등학교 年级 niánjí 학년

⏻ 你爸爸做什么工作?

'工作 gōngzuò'는 '일, 일하다'라는 뜻의 명사, 동사 다 쓰일 수 있는데, 명사로 쓰일 때는 '하다'라는 뜻의 동사 '做 zuò'와 함께 쓰입니다. '什么 shénme'는 '무슨, 무엇'이라는 뜻으로 뒤의 명사 '工作'를 수식해줍니다.

⏻ 你妈妈在哪儿工作?

어느 회사, 기관 등 구체적으로 어디서 근무하는지 물어볼 때는 '어디에서'라는 뜻의 '在哪儿 zài nǎr'이라는 표현을 써서 물어볼 수 있습니다. 위 문장에서 '工作'는 동사로 쓰였습니다.

⏻ 爱人

'爱人 àiren'은 '애인'이 아닌 결혼을 한 '배우자'라는 뜻입니다. '爱人 àiren'에서 '人 rén'은 '원래 제2성이지만, '爱人'에서는 경성으로 발음해야 합니다.

⏻ 我女儿上小学二年级。

'上 shàng'은 방향을 나타낼 때 '위, 위쪽(上面)'이라는 뜻으로도 자주 쓰이지만, '上' 뒤에 학교 기관이 오면 '~에 다니다'라는 의미의 동사로 쓰입니다. '초등학교'는 '小学 xiǎoxué'를 쓰며, 학년은 한자 그대로 쓰지 않고 '年级 niánjí'를 써서 표현합니다.

상황 1 부모의 직업이 궁금할 때

A: 你父母做什么工作?
Nǐ fùmǔ zuò shénme gōngzuò?

B: 我爸爸在公司工作, 妈妈是公务员。
Wǒ bàba zài gōngsī gōngzuò, māma shì gōngwùyuán.

상황 2 배우자의 직업을 물어볼 때

A: 你爱人工作吗?
Nǐ àiren gōngzuò ma?

B: 她是家庭主妇。
Tā shì jiātíng zhǔfù.

상황 3 아이의 학년이 궁금할 때

A: 你孩子上学吗?
Nǐ háizi shàngxué ma?

B: 对, 他上小学二年级。
Duì, tā shàng xiǎoxué èr niánjí.

단어
父母 fùmǔ 부모님 家庭主妇 jiātíng zhǔfù 가정주부
孩子 háizi 아이 上学 shàngxué 학교에 다니다 年级 niánjí 학년

상황 1 부모의 직업이 궁금할 때

A: 부모님은 일을 하세요?

B: 아버지는 회사 다니시고, 어머니는 공무원이세요.

상황 2 배우자의 직업을 물어볼 때

A: 아내분은 일을 하세요?

B: 가정주부예요.

상황 3 아이의 학년이 궁금할 때

A: 아이가 학교에 다니나요?

B: 네, 초등학교 2학년이에요.

·중국의 학교

중국의 학교는 크게 '小学 xiǎoxué', '中学 zhōngxué', '大学 dàxué'로 나뉩니다. '小学'는 초등학교, '中学'는 중고등학교를 뜻하는데, 중학교를 '初中 chūzhōng', 고등학교를 '高中 gāozhōng'으로 나누어 표현합니다. '大学'는 대학교를 의미하는데, '学校 xuéxiào'의 '校'를 잘 쓰지 않는다는 점을 주의하세요.

Step 1 아래 발음을 천천히 읽어보고 무슨 뜻인지 적어보세요.

1. Zuò shénme gōngzuò? _______________________________

2. gōngwùyuán _______________________________

3. jiātíng zhǔfù _______________________________

4. shàng xiǎoxué èr niánjí _______________________________

Step 2 다음 문장을 보고 중국어로 말할 수 있는지 체크해보세요.

1. 아내(남편)분은 무슨 일을 하세요? ☑ ☐

2. 그는 공무원이에요. ☐ ☐

3. 어머니는 어디에서 근무하세요? ☐ ☐

4. 그녀는 가정주부예요. ☐ ☐

5. 제 딸은 초등학교 2학년이에요. ☐ ☐

Step 3 여러분의 가족의 직업에 대해 간단하게 소개해보세요.

➡ _______________________________.

중국의 결혼 문화

현대 중국인들의 결혼 문화는 우리와 크게 다르지 않습니다. 하얀색 웨딩드레스를 입고, 친지와 친구, 동료들을 초대하여 결혼식을 거행합니다. 결혼식을 진행하거나 혹은 마친 후 피로연을 진행하는데, 이때는 신부들이 중국 전통 의상인 치파오(旗袍 qípáo)를 입기도 합니다.

중국에서는 피로연 때 결혼 술(喜酒 xǐjiǔ)와 결혼사탕(喜糖 xǐtáng)을 나눠먹습니다.

중국인들도 결혼식에는 축의금을 내는데 축의금에 대한 부담이 점점 늘어나고 있다고 합니다.

우리와 다른 점은 축의금을 흰 봉투에 넣지 않고, 빨간 봉투인 '红包 hóngbāo'에 넣어서 준다는 것입니다. 중국에서 흰 봉투는 일반적으로 조의금을 전달할 때 쓰므로 주의해야 합니다.

우리는 결혼을 하고 난 후 '혼인신고'를 하는데, 중국은 결혼식을 하기 전 혼인신고를 하고 '결혼증(结婚证 jiéhūnzhèng)'을 발급받습니다.

有 VS 在

우리말로 모두 '있다'로 해석되는 두 단어를 비교해보도록 할게요.

	해석	용법
有	～이(가) 있다	有 + 사람, 사물, 장소
在	～에 있다	在 + 장소

'有 yǒu'는 '～이(가) 있다'라고 해석되며, '有' 뒤에는 사람, 사물, 장소 등이 오며, 소유나 존재 등을 나타냅니다.

- 我有女朋友。 저는 여자친구가 있어요.
  Wǒ yǒu nüpéngyou.

- 你有名片吗? 명함 있으세요?
  Nǐ yǒu míngpiàn ma?

- 家里有一台电视。 집에 TV 한 대가 있어요.
  Jiāli yǒu yì tái diànshì.

* 电视 diànshì TV

- 附近有卫生间吗? 근처에 화장실이 있나요?
  Fùjìn yǒu wèishēngjiān ma?

* 附近 fùjìn 근처, 부근 / 卫生间 wèishēngjiān 화장실

* '有'의 부정형 식은 '不有'가 아닌 '没有'로 씁니다.

- 我没有男朋友。저는 남자친구가 없습니다.
  Wǒ méiyoǔ nán péngyou.

- 这儿附近没有便利店。이 근처에는 편의점이 없어요.
  Zhèr fùjìn méiyǒu biànlìdiàn.

*便利店 biànlìdiàn 편의점

'在 zài'는 우리말의 '~에 있다'라고 해석되며, 존재를 나타냅니다. '在' 뒤에는
장소만 올 수 있습니다. 부정은 앞에 '不'를 써서 '不在'라고 하며, 이때 '不'는
2성으로 발음합니다.

- 王老师在吗? 왕 선생님 계시나요?
  Wánglǎoshī zài ma?
- 他不在。안 계신데요.
  Tā búzài。
- 你现在在哪儿? 지금 어디예요?
  Nǐ xiànzài zài nǎr?
- 我在公司。저는 회사예요.
  Wǒ zài gōngsī.

* '在 zài'는 '~에서'라는 뜻의 전치사로도 자주 쓰입니다.
- 我在家看电视。저는 집에서 TV를 봐요.
  Wǒ zài jiā kàn diànshì.
- 他在电脑公司工作。그는 컴퓨터 회사에서 근무합니다.
  Tā zài diànnǎo gōngsī gōngzuò。
*电脑 diànnǎo 컴퓨터

PART 4

날짜, 요일 묻기

중국 문화 이해하기: 중국인들이 좋아하는 색깔

중국어 어법 이해하기: 주요 전치사(介词: 개사)

今天几月几号?

오늘은 몇 월 며칠이에요?

여러분이 지금 이 페이지를 보고 계신 날짜는 몇 월 며칠인가요? 또 누구에게나 자신이 태어난 특별한 날이 있죠. 여러분의 생일이나 특별한 날은 몇 월 며칠인지 중국어로 표현해보면 좋겠네요. 이번 파트에는 날짜를 묻고 답하는 표현에 대해 알아볼게요.

날짜를 표현할 때는 '○월(月 yuè) ○일(号 hào)'라고 표현합니다.

今天几月几号?　오늘은 몇 월 며칠이에요?
Jīntiān jǐyuè jǐ hào? [진티엔 지위에 지하오]

今天四月十号。　오늘은 4월 10일이에요.
Jīntiān sì yuè shí hào. [진티엔 쓰위에 스(sh)하오]

今天不是十四号。　오늘은 14일이 아니에요.
Jīntiān bú shì shí sì hào. [진티엔 부스(sh) 스(sh)쓰 하오]

你的生日是几月几号?　당신 생일은 몇 월 며칠이에요?
Nǐ de shēngrì shì jǐ yuè jǐ hào? [니더 셩르(r) 스(sh) 지위에 지하오]

我的生日是八月二十三号。　제 생일은 8월 23일이에요.
Wǒ de shēngrì shì bā yuè èrshí sān hào.
[워더 셩르(r) 스(sh)빠위에 얼스(sh)싼하오]

단어
> 今天 jīntiān 오늘 几 jǐ 몇 号 hào 일(日) 月 yuè 월
> 十四 shí sì 숫자 14 的 de ~의 生日 shēngrì 생일

⏻ 今天几月几号?

오늘은 '금일'이라는 뜻의 '今天 jīntiān'을 씁니다. '天'은 '하루, 날'이라는 뜻으로 자주 쓰입니다. 날짜는 '○月○号, ○yuè ○hào'로 표현하는데, 회화에서는 '号'를 주로 쓰고, 서면에서는 '日 rì'를 쓰기도 합니다. 날짜를 물어볼 때는 '몇'이라는 뜻의 의문사 '几 jǐ'를 써서 표현합니다.

⏻ 今天四月十号。

날짜나 요일, 시간, 나이 등을 표현할 때는 '~이다'의 뜻인 '是 shì'를 쓰지 않아도, 명사 자체가 술어가 될 수 있습니다. 특정한 날을 표현하는 경우에는 '是'를 쓰기도 합니다.

⏻ 今天不是十四号。

날짜를 표현할 때 부정문은 '不是 búshì'를 써서 표현해야 합니다.

明天不是四号。 내일은 4일이 아니에요.
Míngtiān bú shì sì hào.

⏻ 你的生日是几月几号?

'생일'은 한자 그대로 '生日 shēngrì'라고 표현합니다. '的 de'는 '~의'라는 뜻으로 뒤의 명사를 수식해주는 구조조사입니다. '나의 생일'은 '我的生日 wǒ de shēngrì', '당신의 생일'은 '你的生日 nǐ de shēngrì'로 표현합니다. 일반적인 날짜를 표현하는 것이 아니므로 의문문과 평서문 모두 '~이다'라는 뜻의 '是'를 써줍니다.

상황 1 오늘 날짜를 물어볼 때

A: 今天几月几号?
Jīntiān jǐyuè jǐhào?

B: 今天十月八号。
Jīntiān shí yuè bā hào.

상황 2 날짜가 맞는지 확인할 때

A: 今天是二十一号吗?
Jīntiān shì èrshí yī hào ma?

B: 不, 今天不是二十一号。
Bù, jīntiān bú shì èrshí yī hào.

상황 3 생일을 묻고 답할 때

A: 你的生日是几月几号?
Nǐ de shēngrì jǐ yuè jǐ hào?

B: 我的生日是十二月十五号。
Wǒ de shēngrì shì shí èr yuè shí wǔ hào.

단어

不 bù 아니다　二十一 èrshí yī 숫자 21
十二 shí èr 숫자 12　十五 shí wǔ 숫자 15

상황 1 오늘 날짜를 물어볼 때

A: 오늘은 몇 월 며칠이에요?

B: 오늘은 10월 8일이에요.

상황 2 날짜가 맞는지 확인할 때

A: 오늘이 21일인가요?

B: 아니요. 오늘은 21일이 아니에요.

상황 3 생일을 묻고 답할 때

A: 생일이 몇 월 며칠이에요?

B: 제 생일은 12월 15일이에요.

• 중국에서는 날짜를 음력으로 세나요? 양력으로 세나요?

일단 일반적으로 쓰는 달력의 날짜는 양력으로 되어 있습니다. 하지만 전통 명절은 음력으로 쇠며, 생일도 음력으로 세는 사람이 많습니다. 달력에는 아래 작은 글자로 음력 며칠인지 적혀 있기도 합니다.

양력은 한자 그대로 '阳历 yánglì'라고 하며, 음력은 '阴历 yīnlì' 혹은 '农历 nónglì'라고 합니다.

Step 1 아래 발음을 천천히 읽어보고 무슨 뜻인지 적어보세요.

1. Jǐ yuè jǐ hào? ___________________________

2. sì yuè shí hào ___________________________

3. shí sì hào ___________________________

4. wǒ de shēngrì ___________________________

Step 2 다음 문장을 보고 중국어로 말할 수 있는지 체크해보세요.

1. 오늘은 몇 월 며칠이에요? ☑ ☐

2. 오늘은 4월 10일이에요. ☐ ☐

3. 당신 생일은 몇 월 며칠이에요? ☐ ☐

4. 제 생일은 8월 23일이에요. ☐ ☐

5. 오늘은 14일이 아니에요. ☐ ☐

Step 3 오늘 날짜 및 여러분의 생일을 중국어로 직접 표현해보세요.

➔ ____.

今天不是星期一

오늘은 월요일이 아니에요

요즘에는 쉽게 보기 힘들지만, 옛날에는 요일을 한자 月, 火, 水, 木, 金, 土, 日로 표시한 달력이 많았는데요. 중국에서는 요일을 어떻게 표시할까요? 일단 우리가 쓰는 위의 한자를 사용하지 않습니다. 이번 파트에서는 요일을 표현하는 방법에 대해 함께 알아볼게요.

바로바로 써먹는 핵심 표현

요일은 '주, 요일'이라는 뜻의 '星期 xīngqī'를 써서 표현합니다.

今天星期<u>几</u>?
Jīntiān xīngqī jǐ? [진티엔 싱치지]
오늘이 무슨 요일이에요?

今天星期二。
Jīntiān xīngqī'èr. [진티엔 싱치얼]
오늘은 화요일이에요.

今天不是星期一。
Jīntiān bú shì xīngqīyī. [진티엔 부스(sh) 싱치이]
오늘은 월요일이 아니에요.

<u>星期天</u>几号?
Xīngqītiān jǐ hào? [싱치티엔 지하오]
일요일은 며칠이에요?

明天是星期六吗?
Míngtiān shì xīngqīliù ma? [밍티엔 스(sh) 싱치리우 마]
내일이 토요일인가요?

단어

星期 xīngqī 요일 星期二 xīngqī'èr 화요일
星期一 xīngqīyī 월요일 星期天 xīngqītiān 일요일
明天 míngtiān 내일 星期六 xīngqīliù 토요일

⏻ 今天星期几?

요일을 나타낼 때, 우리가 쓰는 月, 火, 水, 木, 金, 土, 日이라는 한자를
옛날에는 썼다고 하는데, 지금은 사용하지 않습니다. '요일, 주'라는 뜻의 '星期
xīngqī' 뒤에 순서대로 숫자를 써서 표현하면 됩니다. 다만 마지막 날인 '일요
일'은 뒤에 '天 tiān'이나 '日 rì'를 써줍니다. 요일을 물어볼 때는 '몇'이라는 뜻
의 '几 jǐ'를 써서 표현하면 됩니다.

十号星期几? 10일은 무슨 요일이에요?
Shí hào xīngqī jǐ?

> **Tips** '星期 xīngqī' 대신에 '周 zhōu'를 써서 표현하기도 합니다.
> 周一 zhōuyī 월 周二 zhōu' èr 화 周三 zhōusān 수 周四 zhōusì 목 周五
> zhōuwǔ 금 周六 토 zhōuliù 周日 zhōurì 일

⏻ 今天星期二。

요일도 날짜를 표현할 때와 마찬가지로 명사 자체가 바로 술어가 되기 때문에
'～이다'라는 뜻의 '是 shì'는 일반적으로 잘 쓰지 않습니다. 부정문에서는 '不
是'를 써줘야 합니다.

⏻ 明天是星期六吗?

'天 tiān'은 '하루, 날'이라는 뜻으로, 오늘, 내일 등과 같은 시간명사에 자주 쓰
입니다.

前天 그저께	昨天 어제	今天 오늘	明天 내일	后天 모레
qiántiān	zuótiān	jīntiān	míngtiān	hòutiān

상황 1 무슨 요일인지 물어볼 때

A: 今天星期几?
Jīntiān xīngqī jǐ?

B: 今天星期四。
Jīntiān xīngqīsì.

상황 2 요일이 맞는지 물어볼 때

A: 明天是星期三吗?
Míngtiān shì xīngqīsān ma?

B: 对。
Duì.

상황 3 요일과 날짜를 물어볼 때

A: 这星期天几号?
Zhè xīngqītiān jǐ hào?

B: 三十一号。
Sānshí yī hào.

단어

星期四 xīngqīsì 목요일　星期三 xīngqīsān 수요일
这 zhè 이, 이번　三十一 sānshí yī 31

상황 1 무슨 요일인지 물어볼 때

A: 오늘이 무슨 요일이에요?

B: 오늘은 목요일이에요.

상황 2 요일이 맞는지 물어볼 때

A: 내일이 수요일인가요?

B: 네.

상황 3 요일과 날짜를 물어볼 때

A: 이번 주 일요일은 며칠이에요?

B: 31일이에요.

· 上 − 这 − 下

'这 zhè'는 '이, 이것'이라는 뜻도 있지만, 순서를 나타낼 때 '이번'이라는 의미로도 자주 쓰입니다. 지난 것은 '上 shàng,' 다가올 '다음'은 '下 xià'로 표현합니다.

上个星期 shàng ge xīngqī 지난주

这个星期 zhè ge xīngqī 이번 주

下个星期 xià ge xīngqī 다음 주

Step 1 아래 발음을 천천히 읽어보고 무슨 뜻인지 적어보세요.

1. Xīngqī jǐ? ___________________________________

2. xīngqī' èr ___________________________________

3. xīngqīyī ___________________________________

4. xīngqītiān ___________________________________

Step 2 다음 문장을 보고 중국어로 말할 수 있는지 체크해보세요.

1. 오늘이 무슨 요일이에요?　　　　　　　　☑　　　☐

2. 오늘은 화요일이에요.　　　　　　　　　☐　　　☐

3. 오늘은 월요일이 아니에요.　　　　　　　☐　　　☐

4. 내일이 토요일인가요?　　　　　　　　　☐　　　☐

5. 일요일은 며칠이에요?　　　　　　　　　☐　　　☐

Step 3 오늘이 무슨 요일인지 중국어로 표현해보세요.

➜ ___________________________________.

现在几点?

지금 몇 시예요?

지금 시각은 몇 시예요? 핸드폰이나 주변에 있는 시계를 한 번 보세요. 시간은 나와 혹은 다른 사람과의 약속인 만큼 일상생활에서 아주 중요한 부분이 아닐까 싶은데요. 이번 시간에는 시간을 표현하는 방법에 대해서 함께 알아보도록 할게요.

시간을 나타낼 때 '～시(时)'는 '点 diǎn'을, '～분(分)'은 '分 fēn'을 써 줍니다.

现在几点?
Xiànzài jǐ diǎn? [시엔짜이 지디엔]

지금 몇 시예요?

几点了?
Jǐ diǎn le? [지디엔 러]

몇 시쯤 됐어요?

九点四十分。
Jiǔ diǎn sìshí fēn. [지우 디엔 쓰스(sh) 펀(f)]

9시 40분이에요.

十二点半。
Shí èr diǎn bàn. [스(sh)얼디엔 빤]

12시 반이에요.

两点一刻。
Liǎng diǎn yí kè. [리앙디엔 이커]

2시 15분이에요.

단어

现在 xiànzài 지금, 현재　点 diàn ～시
四十 sìshí 숫자 40　分 fēn ～분
半 bàn 1/2, 30분　一刻 yí kè 15분

⏻ 现在几点?

현재 시각을 물어볼 때는 '지금, 현재'의 뜻인 '现在 xiànzài'를 써주고, '몇'이라는 뜻의 의문사 '几 jǐ' 뒤에 '点 diǎn'을 써서 표현합니다. 문장 맨 끝에 어기조사 '了 le'를 쓰면 변화의 뉘앙스로 '~되었다'라는 의미가 됩니다.

⏻ 九点四十分。

시간을 표현할 때는 '○点○分, ○diǎn ○fēn'으로 표현합니다. '때 시' 자인 '时 shí'는 서면에서는 가끔 쓰이지만, 회화에서는 잘 쓰지 않습니다.

⏻ 十二点半。/ 两点一刻。

'30분'은 '三十分 sānshífēn'이라고 표현해도 되지만, 우리말과 마찬가지로 '~시 반'처럼 '절반, 1/2'의 뜻인 '半 bàn'도 자주 씁니다.

중국어에는 '15분' 단위로 표현하는 방법도 있습니다. '一刻 yíkè'는 '15분'을 의미하며, '45분'은 '三刻 sānkè'라고 하면 됩니다.

* 시간을 표현할 때 [숫자 + 点]으로 표현하는데, 2시의 경우는 숫자 '二 èr'를 쓰지 않고, 양사 앞에 자주 쓰는 '둘'이라는 뜻의 '两 liǎng'을 쓴다는 것을 주의하세요.

 바로바로 써먹는 상황별 회화

상황 1 현재 시각을 물어볼 때

A: **现在几点？**
Xiànzài jǐ diǎn?

B: **七点零五分。**
Qī diǎn líng wǔ fēn.

상황 2 몇 시쯤 되었는지 궁금할 때

A: **几点了？**
Jǐ diǎn le?

B: **两点三刻。**
Liǎng diǎn sān kè.

상황 3 시간이 임박했을 때

A: **快九点了。**
Kuài jiǔ diǎn le.-

B: **现在差十分九点。**
Xiànzài chà shí fēn jiǔ diǎn.

단어

零 líng 0　三刻 sān kè 45분
快~了 kuài~le 좀 있으면 ~이다　差 chà 부족하다

상황 1 현재 시각을 물어볼 때

A: 지금 몇 시예요?

B: 7시 5분이에요.

상황 2 몇 시쯤 되었는지 궁금할 때

A: 몇 시쯤 됐어요?

B: 2시 45분이에요.

상황 3 시간이 임박했을 때

A: 곧 9시네요.

B: 지금 9시 10분 전이에요.

* 분을 표현할 때 한 자릿수의 경우에는 일반적으로 앞에 '숫자 0'의 뜻인 '零 líng'을 써줍니다.

* 시간이 정시에 임박할 때 우리말로 '~시 ~분 전'은 '부족하다'라는 뜻의 '差 chà'를 써서 差○分○点이라고 표현합니다. 우리말하고는 순서가 다르니 주의해서 사용해야 합니다.

Step 1 아래 발음을 천천히 읽어보고 무슨 뜻인지 적어보세요.

1. Xiànzài jǐ diǎn? ____

2. Jiǔ diǎn sìshí fēn. ____

3. Shí èr diǎn bàn. ____

4. Liǎng diǎn yí kè. ____

Step 2 다음 문장을 보고 중국어로 말할 수 있는지 체크해보세요.

1. 9시 40분이에요.　　　　　　　　　　　　　☑　　　☐

2. 2시 15분이에요.　　　　　　　　　　　　　☐　　　☐

3. 지금 몇 시예요?　　　　　　　　　　　　　☐　　　☐

4. 몇 시쯤 됐어요?　　　　　　　　　　　　　☐　　　☐

5. 12시 반이에요.　　　　　　　　　　　　　☐　　　☐

Step 3 현재 시각을 중국어로 표현해보세요.

➡ ____.

我们几点见?

우리 몇 시에 만날까요?

누군가와 만날 약속을 잡으려면, 시간이나 장소를 정해야 할 텐데요. 그동안 배웠던 날짜, 요일, 시간과 관련된 표현을 활용하여, 일정이나 약속은 어떻게 잡는지 함께 알아보도록 할게요.

상대방의 의향을 물어볼 때는 '어떠한가?'의 뜻인 '怎么样 zěnmeyàng'이나 '괜찮은가? 가능한가?'의 뜻인 '行吗 xíngma', '～좋을까요?'인 '～好呢 hǎone' 등을 쓸 수 있습니다.

我们几点见?
Wǒmen jǐ diǎn jiàn? [워먼 지디엔 지엔]

우리 몇 시에 만날까요?

六点怎么样?
Liù diǎn zěnmeyàng? [리우디엔 쩐머양]

6시 어때요?

下午行吗?
Xiàwǔ xíng ma? [시아우 싱마]

오후에도 괜찮을까요?

在哪儿见好呢?
Zài nǎr jiàn hǎo ne? [짜이 나알 지엔 하오 너]

어디에서 보는 게 좋을까요?

星期六晚上见吧。
Xīngqīliù wǎnshang jiàn ba. [싱치리우 완샹 지엔 바]

토요일 저녁에 만나요.

단어

点 diǎn 시 见 jiàn 만나다 怎么样 zěnmeyàng 어떠하다
下午 xiàwǔ 오후 行 xíng 되다, 가능하다 呢 ne 어기조사
晚上 wǎnshang 저녁 吧 ba ～하자

⏻ 六点怎么样?

'怎么样 zěnmeyàng'은 '어떠하다'라는 의미로, 상대방의 생각이나 의향 등을
물어볼 때 자주 쓰이며, 약속 시간을 정할 때도 유용하게 쓸 수 있습니다.

⏻ 下午行吗?

'行 xíng'은 '되다, 괜찮다'라는 뜻으로 앞의 조건에 대해 가능한지 여부에 대해
물을 때도 자주 쓰입니다.

明天行吗? 내일 괜찮을까요?
Míngtiān xíng ma?
七点行吗? 7시는 가능하세요?
Qī diǎn xíng ma?

⏻ 星期六晚上见吧。

'吧 ba'는 문장 맨 끝에서 '~하자, ~합시다, ~해라' 등의 의미로 상대방에게
제안이나 권유 등을 할 때 자주 쓰이는 어기조사입니다.

我们走吧。 우리 가요.
Wǒmen zǒu ba.
你快去吧。 빨리 가세요.
Nǐ kuài qù ba.

 바로바로 써먹는 상황별 회화

상황 1 약속 시간 정하기 1

A: 我们几点见面?
Wǒmen jǐ diǎn jiànmiàn?

B: 五点怎么样?
Wǔ diǎn zěnmeyàng?

상황 2 약속 시간 정하기 2

A: 星期六上午怎么样?
Xīngqīliù shàngwǔ zěnmeyàng?

B: 下午行吗?
Xiàwǔ xíng ma?

상황 3 약속 장소 정하기

A: 在哪儿见好呢?
Zài nǎr jiàn hǎo ne?

B: 在三号出口见吧。
Zài sān hào chūkǒu jiàn ba.

단어

见面 jiànmiàn 만나다　上午 shàngwǔ 오전
三号 sān hào 3번　出口 chūkǒu 출구

상황 1 약속 시간 정하기 1

A: 우리 언제 만날까요?

B: 5시 어때요?

상황 2 약속 시간 정하기 2

A: 토요일 오전 어때요?

B: 오후는 괜찮으세요?

상황 3 약속 장소 정하기

A: 어디서 보는 게 좋을까요?

B: 3번 출구에서 봐요.

·见과 见面

'볼 견' 자인 '见 jiàn'은 일반적으로 '사람을 만나다'라는 의미로 자주 쓰입니다. 1음절로 자주 쓰이는데, 2음절로 쓸 때는 '见面 jiànmiàn'이 라고 표현합니다. 두 단어는 의미는 비슷하나 용법에 차이가 있습니다. '见面'은 '얼굴을 만나다'라는 뜻의 동목구조인 이합사(붙었다가 떨어 졌다가 함)이기 때문에, 뒤에 목적어를 또 취할 수가 없습니다.

我见朋友。(O) Wǒ jiàn péngyou. 나는 친구를 만난다.

我见面朋友。(X) Wǒ jiànmiàn péngyou.

我跟朋友见面。(O) Wǒ gēn péngyou jiànmiàn.

Step 1 아래 발음을 천천히 읽어보고 무슨 뜻인지 적어보세요.

1. Wǒmen jǐ diǎn jiàn? ___________________________

2. Liù diǎn zěnmeyàng? ___________________________

3. Xiàwǔ xíng ma? ___________________________

4. Zài nǎr jiàn hǎo ne? ___________________________

5. Xīngqīliù wǎnshang jiàn ba ___________________________

Step 2 다음 문장을 보고 중국어로 말할 수 있는지 체크해보세요.

1. 6시 어때요? ☑ ☐

2. 토요일 저녁에 만나요. ☐ ☐

3. 우리 몇 시에 만날까요? ☐ ☐

4. 오후에도 괜찮을까요? ☐ ☐

5. 어디에서 보는 게 좋을까요? ☐ ☐

你在做什么?

뭐하고 있어요?

여러분은 지금 뭐하고 계시나요? 교재를 보면서 중국어 공부를 하고 계시겠네요. 이번 시간에는 상대방에게 전화를 걸어 무엇을 하고 있는지 혹은 약속을 확정하거나 못 가게 될 경우에는 뭐라고 표현하는지 함께 알아보도록 할게요.

'在 zài'가 동사 앞에 쓰이면 '~하고 있다'라는 뜻의 진행을 나타냅니다.

你在做什么?　　뭐하고 있어요?
Nǐ zài zuò shénme? [니 짜이 쭈어 션머]

我在吃饭呢。　　밥 먹는 중이에요.
Wǒ zài chīfàn ne. [워 짜이 츠(ch)판(f) 너]

我在看电视呢。　　TV 보는 중이에요.
Wǒ zài kàn diànshì ne. [워 짜이 칸 띠엔 스(sh) 너]

我们说好了。　　우리 약속한 거예요.
Wǒmen shuōhǎo le. [워먼 슈어 하오 러]

我去不了了。　　저는 못 가게 됐어요.
Wǒ qù bu liǎo le. [워 취뿌리아오 러]

단어

在 zài ~하고 있다　做 zuò 하다　看 kàn 보다
电视 diànshì TV　呢 ne 진행의 어기를 나타내는 어기조사
说好 shuōhǎo 얘기가 되었다　去不了 qù bu liǎo 갈 수 없다

⏻ 你在做什么?

'在 zài'는 '~에서, ~에 있다'라는 뜻으로 많이 쓰이지만, 동사 앞에서 '~하고 있다, ~하는 중이다'라는 의미로도 자주 쓰입니다. 진행의 어감을 나타내기 위해 문장 맨 끝에 어기조사 '呢 ne'를 써주기도 합니다.

我在喝咖啡呢。 저 커피 마시고 있어요.
Wǒ zài hē kāfēi ne.

⏻ 我们说好了。

동사 뒤에 '好 hǎo'가 붙으면 결과보어가 되어 동사의 동작이 잘 마무리됨을 나타냅니다. '말하다'라는 뜻의 '说 shuō' 뒤에 '好'가 붙으면 '얘기가 잘 되었다'라는 의미에서 '약속하다'라는 뜻으로 쓰입니다.

⏻ 我去不了了。

일부 동사 뒤에 '不了 bùliǎo'가 붙으면 동사의 동작을 할 수 없음을 나타냅니다.

> **Tips** 문장에서 두 개의 '了'가 나오는데, '不了'에서는 'liǎo'로, 문장 맨 끝에 나오는 어기조사 '了'는 'le'로 발음하기 때문에 주의해야 합니다.

상황 1 뭐하는지 물어볼 때

A: 你在做什么？
Nǐ zài zuò shénme?

B: 我在吃饭呢。
Wǒ zài chīfàn ne.

상황 2 약속 확정하기

A: 那我们说好了。
Nà wǒmen shuōhǎo le.

B: 好，一言为定。
Hǎo, yìyánwéidìng.

상황 3 약속에 못 갈 경우

A: 你参加今天的晚会吗？
Nǐ cānjiā jīntiān de wǎnhuì ma?

B: 我有事，去不了了。
Wǒ yǒu shì, qù bu liǎo le.

단어

好 hǎo 알겠다
一言为定 yìyánwéidìng 한 마디로 정하다
参加 cānjiā 참가하다　晚会 wǎnhuì 이브닝 파티, 저녁 모임

상황 1 뭐하는지 물어볼 때

A: 뭐하고 있어요?

B: 밥 먹는 중이에요.

상황 2 약속 확정하기

A: 그럼 우리 약속한 거예요.

B: 좋아요. 번복하기 없기예요.

상황 3 약속에 못 갈 경우

A: 오늘 저녁 모임 때 가실 거예요?

B: 저는 일이 있어서, 못 가게 됐어요.

· 一言为定

'一言 yìyán'은 '한 마디', '为 wéi'는 '~이 되다', '定 dìng'은 '정하다'라는 의미로 '一言为定'은 '한 마디로 정하다'라는 뜻입니다.

회화에서 약속을 정할 때 약속을 재차 확인하는 의미로 자주 쓰이는 4자성어입니다. 비슷한 표현으로는 '만날 때까지 기다리다'라는 의미의 '不见不散 bújiàn búsàn'이 있습니다.

두 성어 모두 직역을 해서 기억하기보다는 약속을 정하거나 확인할 때 '약속한 거예요, 꼭 만나요!'라는 어감으로 기억하는 것이 좋습니다.

Step 1 아래 발음을 천천히 읽어보고 무슨 뜻인지 적어보세요.

1. zuò shénme ? ______________________________

2. chīfàn ______________________________

3. shuōhǎo ______________________________

4. qù bu liǎo ______________________________

Step 2 다음 문장을 보고 중국어로 말할 수 있는지 체크해보세요.

1. 뭐하고 있어요?　　　　　　　　　　☑　　　□

2. 밥 먹는 중이에요.　　　　　　　　　□　　　□

3. TV 보는 중이에요.　　　　　　　　　□　　　□

4. 우리 약속한 거예요.　　　　　　　　□　　　□

5. 저는 못 가게 됐어요.　　　　　　　　□　　　□

중국인들이 좋아하는 색깔

중국 하면 떠오르는 색깔은 아마 붉은색(红色 hóngsè)가 아닐까 싶은데요. 중국 국기인 오성홍기(五星红旗 wǔxīnghóngqí)의 바탕도 붉은색(红色 hóngsè)으로 되어 있습니다.

예로부터 붉은색은 중국에서 마귀와 잡귀, 액운을 쫓고 길을 상징하는 의미가 있습니다. 때문에 명절이나 국가 기념일에는 거리마다 붉은색으로 된 홍등(红灯 hóngdēng)이나 대련(对联: 문에 붙이는 글귀)도 쉽게 볼 수 있습니다. '붉다'라는 뜻의 '红 hóng'은 '성공, 번창, 인기' 등의 의미로 쓰이기도 합니다.

이 밖에 중국인은 황금색(黄金色)도 좋아하는데요. 황금은 '금(金)'을 상징하기 때문이라고 합니다. 이 때문에 중국인 소비자나 관광객을 위한 상품은 황금색을 사용하는 경우도 많습니다.

주요 전치사 (介词: 개사)

在 zài(~에서): 뒤에 장소를 동반합니다.

- 我在图书馆看书。저는 도서관에서 책을 봅니다.
  Wǒ zài túshūqguǎn kàn shū.
- 他在家休息。그는 집에서 쉽니다.
  Tā zài jiā xiūxi.

跟 gēn(~와, ~과): 동작의 대상을 나타냅니다.

- 我跟朋友见面。저는 친구와 만납니다.
  Wǒ gēn péngyou jiànmiàn.
- 我跟家里人一起去。저는 가족들과 함께 갑니다.
  Wǒ gēn jiēlirén yì qǐ qù.

给 gèi(~에게): 동작의 대상을 나타냅니다.

- 我给你发短信。제가 당신에게 문자 메시지 보낼게요.
  Wò gěi nǐ fā duǎnxìn.
- 我给他打电话。제가 그에게 전화를 걸게요.
  Wǒ gěi tā dǎ diànhuà.

对 duì(~에 대해): 동작의 대상을 나타냅니다.

- 我对这件事没有意见。저는 이 일에 대해 불만이 없어요.
  Wǒ duì zhè jiànshì méiyǒu yìjiàn。
- 他对自己的工作很满意。그는 자신의 일에 만족해요.
  Tā duì zìjǐ de gōngzuò hěn mǎnyì。

152

从 cóng(~로부터): 시간이나 공간의 출발점을 나타냅니다.

- 从现在开始。지금부터 시작합니다.

  Cóng xiànzài kāishǐ。

- 从早上到中午, 一直睡觉。아침부터 점심까지 계속 잠을 잡니다.

  Cóng zǎoshang dào zhōngwǔ, yìzhí shuìjiào。

* '~에서 ~부터'라는 기간이나 구간 등을 나타낼 때는 '从~到~'의 형식으로 자주 씁니다.

往 wǎng(~쪽으로, ~를 향해서)

- 一直往前走。쭉 앞으로 가세요.

  Yìzhí wǎng qián zǒu。

- 你往哪个方向走? 어느 방향으로 가세요?

  Nǐ wǎng nǎge fāngxiàng zǒu?

PART 5

하루 일과

你平时早上几点起床?

아침에는 보통 몇 시에 일어나세요?

여러분은 아침에 보통 몇 시에 일어나시나요? 점심시간은 몇 시이고 등교 혹은 출퇴근 시간은 몇 시인지 시간표현을 활용하여 하루 일과에 대해 중국어로 표현하면 좋겠죠. 이번 파트에서는 하루 일과와 관련된 표현을 알아볼게요.

하루 일과를 소개할 때는 '〜点〜'순으로 표현하면 됩니다. 시간대별 시간명사도 기억해두세요.

早上七点起床。
아침 7시에 일어나요.
Zǎoshang qī diǎn qǐchuáng. [자오상 치디엔 치츄앙]

上午十点上课。
오전 10시에 수업을 해요.
Shàngwǔ shí diǎn shàngkè. [샹우 스(sh)디엔 샹커]

中午十二点吃午饭。
정오 12시에 점심을 먹어요.
Zhōngwǔ shí èr diǎn chī wǔfàn. [쫑우 스(sh)얼디엔 츠(ch) 우판(f)]

下午五点下班。
오후 5시에 퇴근을 해요.
Xiàwǔ wǔ diǎn xiàbān. [시아우 우디엔 시아빤]

晚上十一点多睡觉。
저녁 11시 좀 넘어서 잠을 자요.
Wǎnshang shí yī diǎn duō shuìjiào.
[완샹 스(sh)이디엔 뚜어 슈에이지아오]

단어

起床 qǐchuáng 기상하다 上午 shàngwǔ 오전
上课 shàngkè 수업을 하다 中午 zhōngwǔ 정오
午饭 wǔfàn 점심식사 下午 xiàwǔ 오후
下班 xiàbān 퇴근하다 多 duō 〜 남짓
睡觉 shuìjiào 잠을 자다

⏻ 起床

'起床 qǐchuáng'은 '일어날 기'인 '起 qǐ'에 '침대 상'인 '床 chuáng'이 더해져서 '기상하다'라는 뜻이 됩니다. '일어나다'로 자주 쓰이는 말에는 '起来 qǐlái'도 있는데, '起床'은 '잠자리에서 일어나다'라는 뜻이고, '起来'는 좀 더 폭넓은 의미로 '기상하다, 자리에서 일어나다' 등의 뜻으로 쓰입니다.

⏻ 上课 / 下班

'课 kè'는 '수업'이라는 뜻인데, 앞에 동사 '上 shàng'이 와서 '수업을 시작하다'라는 뜻이 됩니다. 반대말은 '下 xià'를 써서 '下课 xiàkè'라고 합니다.
'上'과 '下'가 동사로 반대되는 의미로 쓰이는 단어는 많습니다.

上班 shàngbān 출근하다 下班 xiàbān 퇴근하다
上车 shàngchē 승차하다 下车 xiàchē 하차하다

⏻ 吃午饭

'점심식사를 하다, 점심을 먹다'는 '밥을 먹다'라는 뜻인 '吃饭 chīfàn'에서 '饭 fàn' 앞에 '정오, 점심'이라는 뜻의 '午 wǔ'를 써주면 됩니다. '아침식사'는 '早饭 zǎofàn,' '저녁식사'는 '晚饭 wǎnfàn'이라고 합니다.

⏻ 晚上十一点多睡觉。

'多 duō'는 '남짓, 여'라는 뜻으로 수사나 양사 뒤에서 어림수를 나타냅니다.

 바로바로 써먹는 상황별 회화

상황 1 아침 취침 시간에 대해

A: 你平时早上几点起床？
Nǐ píngshí zǎoshang jǐ diǎn qǐchuáng?

B: 我六点就起床。
Wǒ liù diǎn jiù qǐchuáng.

상황 2 점심시 간에 대해

A: 你几点吃午饭？
Nǐ jǐ diǎn chī wǔfàn?

B: 十二点左右。
Shí èr diǎn zuǒyòu.

상황 3 귀가 시간에 대해

A: 你什么时候回家？
Nǐ shénme shíhòu huíjiā?

B: 一个小时以后。
Yí ge xiǎoshí yǐhòu.

단어

平时 píngshí 평소
就 jiù 곧, 바로(동작의 발생이 시간적으로 빠름을 나타냄)
左右 zuǒyòu ~쯤, ~ 정도　什么时候 shénme shíhòu 언제
回家 huíjiā 집에 가다　小时 xiǎoshí 시간　以后 yǐhòu ~후에

상황 1 아침 취침 시간에 대해

A: 아침에는 보통 몇 시에 일어나세요?

B: 저는 6시면 일어나요.

상황 2 점심 시간에 대해

A: 몇 시에 점심 드세요?

B: 12시 정도요.

상황 3 귀가 시간에 대해

A: 언제 집에 가세요?

B: 한 시간 후에요.

·평일 vs 주말

주말은 한자 그대로 '周末 zhōumò'라고 하지만, 평일을 '周中'이라고 쓰진 않습니다. 주간 스케줄과 관련하여 주말, 주중으로 나눠서 표현하고 싶다면, '평소'라는 의미의 '平时 píngshí'를 쓰거나 '월요일부터 금요일까지'라는 뜻의 '从周一到周五 cóng zhōuyī dào zhōuwǔ'를 써서 표현할 수 있습니다.

Step 1 아래 발음을 천천히 읽어보고 무슨 뜻인지 적어보세요.

1. qǐchuáng ___________________________

2. shàngkè ___________________________

3. chī wǔfàn ___________________________

4. xiàbān ___________________________

5. shuìjiào ___________________________

Step 2 다음 문장을 보고 중국어로 말할 수 있는지 체크해보세요.

1. 아침 7시에 일어나요. ☑ ☐

2. 오전 10시에 수업을 해요. ☐ ☐

3. 정오 12시에 점심을 먹어요. ☐ ☐

4. 오후 5시에 퇴근을 해요. ☐ ☐

5. 저녁 11시 좀 넘어서 잠을 자요. ☐ ☐

Step 3 자신의 하루 일과에 대해 간단하게 중국어로 표현해보세요.

➡ ___________________________.

你在哪儿吃的午饭?

점심은 어디에서 드셨어요?

오늘 아침 식사는 하셨나요? 여러분은 평소에 식사를 어디에서 하시나요? 집에서 해 드시는 분도 계실 테고, 낮에는 밖에서 혹은 학교나 회사의 구내식당에서 드시는 분도 계실 텐데요. 이번 파트에서는 식사와 관련된 내용을 함께 알아볼게요.

바로바로 써먹는 핵심 표현

이미 발생한 일을 표현할 때 문장 맨 끝에 '了 le'를 써주거나, 시간이나 장소 등을 강조한다면 '是~的 shì~de'등을 써서 표현할 수 있습니다.

你吃早饭了吗?　　아침 드셨어요?
Nǐ chī zǎofàn le ma? [니 츠(ch) 자오판(f) 러 마]

我们在哪儿吃?　　우리 어디에서 먹을까요?
Wǒmen zài nǎr chī? [워먼 짜이 나알 츠(ch)]

在哪儿吃的午饭?　　점심은 어디에서 드셨어요?
Zài nǎr chī de wǔfàn? [짜이 나알 츠(ch) 더 우판(f)]

在食堂吃的。　　구내식당에서 먹었어요.
Zài shítáng chī de. [짜이 스(sh)탕 츠(ch)더]

出去吃吧。　　나가서 먹어요.
Chūqu chī ba. [츄취 츠(ch) 바]

단어

早饭 zǎofàn 아침식사　午饭 wǔfàn 점심식사
食堂 shítáng 구내식당　出去 chūqu 나가다
吧 ba ~합시다, ~하자

⏻ 你吃早饭了吗?

'아침을 먹다'는 '吃早饭 chī zǎofàn'이라고 합니다. 점심식사는 '午饭 wǔfàn', 저녁식사는 '晚饭 wǎnfàn'이라고 해요.

⏻ 在哪儿吃的午饭?

'是～的 shì~de'는 이미 발생한 일의 시간이나 장소 등을 표현할 때 자주 쓰입니다. 회화에서 '是'는 생략해서 쓰는 경우가 많습니다.

你 (是) 在哪儿吃的? 당신 어디에서 밥 먹었어요?
Nǐ (shì) zài nǎr chī de?
这是在哪儿买的? 이거 어디에서 사신 거예요?
Zhè shì zài nǎr mǎi de?

⏻ 在食堂吃的。

'食堂 shítáng'은 중국에서는 학교나 회사 등 기관의 '구내식당'을 의미합니다. 외부에 있는 식당은 '饭馆 fànguǎn'이나 '餐厅 cāntīng' 등의 표현을 씁니다.

⏻ 出去吃吧。

'외식하다'는 한자 그대로 外食를 쓰지 않고, '나가서 먹다'라고 표현합니다. '나가다'는 '出去 chūqu'를 쓰고 뒤에 '먹다'의 뜻인 '吃 chī'를 써서 '出去吃 chūqu chī'라고 표현합니다.

상황 1 아침을 먹었는지에 대해

A: 你吃早饭了吗?
Nǐ chī zǎofàn le ma?

B: 没有，我不吃早饭。
Méiyǒu, wǒ bù chī zǎofàn.

상황 2 점심 장소에 대해

A: 你在哪儿吃的午饭?
Nǐ zài nǎr chī de wǔfàn?

B: 我在食堂吃的。
Wǒ zài shítíng chī de.

상황 3 식사 장소에 대해

A: 我们在哪儿吃?
Wǒmen zài nǎr chī?

B: 出去吃吧。
Chūqu chī ba.

단어

没有 méiyǒu 아니다 不 bù 아니다
午饭 wǔfàn 점심식사

상황 1 아침을 먹었는지에 대해

A: 아침 드셨어요?

B: 아니요, 아침 잘 안 먹어요.

상황 2 점심 장소에 대해

A: 점심은 어디에서 드셨어요?

B: 구내식당에서 먹었어요.

상황 3 식사 장소에 대해

A: 우리 어디에서 먹을까요?

B: 나가서 먹어요.

·不吃 vs 没吃

중국어의 대표적인 부정부사는 바로 '不 bù'와 '没 méi'인데요. 일반적으로 '不'는 아직 일어나지 않은 일에 대한 부정에 쓰이고, '没'는 이미 발생한 일에 대한 부정에 쓰입니다.

'不吃'는 '먹지 않는다, 먹지 않겠다'라는 의미이고, '没吃'는 '먹지 못했다, 안 먹었다'의 의미입니다.

Step 1 아래 발음을 천천히 읽어보고 무슨 뜻인지 적어보세요.

1. chī zǎofàn _______________________

2. chī wǎnfàn _______________________

3. Zài shítáng chī de. _______________________

4. Chūqu chī ba. _______________________

Step 2 다음 문장을 보고 중국어로 말할 수 있는지 체크해보세요.

1. 아침 드셨어요? ☑ ☐

2. 점심은 어디에서 드셨어요? ☐ ☐

3. 구내식당에서 먹었어요. ☐ ☐

4. 나가서 먹어요. ☐ ☐

5. 우리 어디에서 먹을까요? ☐ ☐

Step 3 여러분은 오늘 아침 드셨어요? 점심은 어디에서 드셨는지 상황에 맞게 표현해보세요.

➔ _______________________________.

晚上我们吃什么?

저녁에 뭐 먹을까요?

여러분은 평소에 어떤 음식을 즐겨 드시나요? 점심이나 저녁에 식사 약속이 있을 때 무엇을 먹을지 고민하거나, 상대방에게 어떤 음식을 좋아하는지 묻고 답하는 내용에 대해서 배워볼게요.

상대방이 무엇을 좋아하는지 묻고 싶을 때는 '~하고 싶다'라는 뜻인
'想 xiǎng'이나 '좋아하다'라는 뜻의 '喜欢 xǐhuan' 등을 쓸 수 있습니다.

晚上我们吃什么?　저녁에 뭐 먹을까요?
Wǎnshang wǒmen chī shénme? [완샹 워먼 츠(ch)션머]

你想吃什么?　뭐 드실래요?
Nǐ xiǎng chī shénme? [니 시앙 츠(ch)션머]

你能吃辣的吗?　매운 것을 드실 수 있으세요?
Nǐ néng chī là de ma? [니 넝 츠(ch) 라 더 마]

你喜欢吃韩国菜吗?　한국 음식을 좋아하세요?
Nǐ xǐhuan chī Hánguócài ma? [니 시환 츠(ch) 한구어차이 마]

你会喝酒吗?　술 드시나요?
Nǐ huì hē jiǔ ma? [니 후에이 허 지우 마]

단어

想 xiǎng ~하고 싶다　能 néng ~할 수 있다　辣 là 맵다
喜欢 xǐhuan 좋아하다　韩国菜 Hánguócài 한국음식
会 huì 할 줄 알다　喝酒 hē jiǔ 술을 마시다

⏻ 你想吃什么?

'想 xiǎng'은 '생각하다'라는 뜻의 동사로도 쓰이지만, 동사 앞에서 '～하고 싶다'라는 의미로도 자주 쓰입니다.

我想去中国。중국에 가고 싶어요.

Wǒ xiǎng qù Zhōngguó.

你想喝什么? 뭐 마실래요?

Nǐ xiǎng hē shénme?

> **Tips** '먹다'는 '吃 chī'를, '마시다'는 '喝 hē'를 씁니다.

⏻ 你能吃辣的吗?

'能 néng'은 조동사로 '～할 수 있다'라는 뜻으로 가능이나 능력 등을 나타냅니다.

你能来吗? 오실 수 있어요?

Nǐ néng lái ma?

⏻ 你喜欢吃韩国菜吗?

'喜欢 xǐhuan'은 '좋아하다'라는 뜻으로 뒤에 명사, 동사구 모두 올 수 있습니다.

我喜欢你。나는 당신을 좋아해요.

Wǒ xǐhuan nǐ.

我喜欢吃中国菜。저는 중국음식 먹는 걸 좋아해요.

Wǒ xǐhuan chī Zhōngguócài.

> **Tips** '요리, 음식'은 회화에서는 한자 그대로 잘 쓰지 않고, '菜 cài'를 주로 씁니다.

상황 1 무엇을 먹을 것인지에 대해

A: 晚上我们吃什么?
Wǎnshang wǒmen chī shénme?

B: 随便, 我吃什么都可以。
Suíbiàn, wǒ chī shénme dōu kěyǐ.

상황 2 상대방이 좋아하는 음식에 대해

A: 你想吃什么, 能吃辣的吗?
Nǐ xiǎng chī shénme, néng chī là de ma?

B: 我喜欢吃辣的。
Wǒ xǐhuan chī là de.

상황 3 음주에 대해

A: 你会喝酒吗?
Nǐ huì hē jiǔ ma?

B: 喝一点儿没问题。
Hē yìdiǎnr méi wèntí.

단어

随便 suíbiàn 마음대로, 편할 대로 都 dōu 모두
可以 kěyǐ 괜찮다 一点儿 yìdiǎnr 약간, 조금
没问题 méi wèntí 문제 없다

상황 1 무엇을 먹을 것인지에 대해

A: 저녁에 뭐 먹을까요?

B: 마음대로요, 저는 아무거나 괜찮아요.

상황 2 상대방이 좋아하는 음식에 대해

A: 뭐 드실래요? 매운 것을 드실 수 있으세요?

B: 저는 매운 것을 좋아해요.

상황 3 음주에 대해

A: 술 드시나요?

B: 조금 마시는 건 괜찮아요.

· 아무거나??

상대방이 무언가를 제안할 때 '편할 대로, 좋을 대로'라는 의미로 '随便 suíbiàn'이라는 표현을 자주 씁니다. '便 biàn'은 '편하다'라는 뜻이고, '随 suí'는 '따르다'라는 의미를 가지고 있습니다. 그 밖에 '어떤 것도 괜찮다'라는 의미로는 '무엇'이라는 뜻으로 자주 쓰이는 '什么 shénme'를 써서 '什么都可以 shénme dōu kěyǐ'라는 표현을 쓰면 됩니다.

 셀프 체크!!

Step 1 아래 발음을 천천히 읽어보고 무슨 뜻인지 적어보세요.

1. Wǒmen chī shénme? _______________________________

2. Nǐ xiǎng chī shénme? _______________________________

3. Nǐ néng chī là de ma? _______________________________

4. Nǐ xǐhuan chī Hánguócài ma? _______________________________

5. Nǐ huì hē jiǔ ma? _______________________________

Step 2 다음 문장을 보고 중국어로 말할 수 있는지 체크해보세요.

1. 한국 음식을 좋아하세요? ☑ ☐

2. 저녁에 뭐 먹을까요? ☐ ☐

3. 매운 것을 드실 수 있으세요? ☐ ☐

4. 뭐 드실래요? ☐ ☐

5. 술 드시나요? ☐ ☐

你怎么来的?

뭐 타고 오셨어요?

여러분은 평소에 어떤 교통수단을 이용하세요? 오늘은 뭘 타고 학교 혹은 회사에 오셨나요? 다양한 교통수단에 대해 함께 알아 보도록 할게요.

'坐 zuò'는 '앉다'라는 뜻도 있지만 뒤에 교통수단이 오면 '타다'라는 의미가 됩니다.

我们坐什么去?
우리 뭐 타고 가나요?
Wǒmen zuò shénme qù? [워먼 쭈어 션머 취]

还是坐地铁吧。
지하철 타는 게 낫겠어요.
Háishi zuò dìtiě ba. [하이스(sh) 쭈어 띠티에 바]

我们打的去吧。
택시 타고 가요.
Wǒmen dǎdī qù ba. [워먼 다띠취 바]

你怎么来的?
뭐 타고 오셨어요?
Nǐ zěnme lái de? [니 쩐머 라이 더]

开车过来的。
차 가지고 왔어요.
Kāichē guòlai de. [카이 쳐 꾸어 라이더]

단어

坐 zuò 타다　还是 háishi 아무래도 ~하는 편이 낫다
地铁 dìtiě 지하철　打的 dǎdī 택시를 타다
怎么 zěnme 어떻게　开车 kāichē 운전하다　过来 guòlai 오다

我们坐什么去？

'坐 zuò' 뒤에 탈것과 관련된 표현이 오면 '타다'라는 의미가 됩니다.

坐飞机 zuò fēijī 비행기를 타다
坐公交车 zuò gōngjiāochē 버스를 타다

还是坐地铁吧。

'还是 háishi'는 '그래도, 아무래도 ~하는 것이 낫겠다'라는 의미로 어떤 제안
을 하거나 선택을 이끌 때 자주 쓰입니다.

我们打的去吧。

'打的 dǎdī'는 '택시를 잡다, 택시를 타다'라는 뜻입니다. '打 dǎ'는 원래 '때릴
타' 자로 '때리다'라는 뜻 외에, '전화를 걸다, (손으로 하는 구기종목을) 하다'
등 뜻이 매우 많은 동사 중 하나입니다. 여기서 '打'는 손으로 택시를 잡는 동
작을 연상해도 좋을 것 같습니다. '的士 díshì'는 '택시'의 음역인데 회화에서는
보통 '出租车 chūzūchē'를 더 많이 쓰고, '打的'에서 '的'는 'dī'로 1성으로 발음
합니다.

你怎么来的？

是~的는 이미 일어난 사실의 방식을 강조 혹은 표현할 때 자주 쓰입니다. 회
화에서는 是를 생략하는 경우가 많습니다.

打的过来的. 택시 타고 왔어요.
Dǎdī guòlai de.

상황 1 교통수단에 대해

A: 我们坐什么去?
Wǒmen zuò shénme qù?

B: 坐公交车去。
Zuò gōngjiāochē qù.

상황 2 다른 교통수단에 대해

A: 我们打的去吧。
Wǒmen dǎdī qù ba.

B: 这个时间堵车, 还是坐地铁吧。
Zhè ge shíjiān dǔchē, háishi zuò dìtiě ba.

상황 3 뭐 타고 왔는지 물을 때

A: 你坐什么来的?
Nǐ zuò shénme lái de?

B: 我开车过来的。
Wǒ kāichē guòlai de.

단어

公交车 gōngjiāochē 버스
时间 shíjiān 시간　堵车 dǔchē 차가 막히다

176

상황 1 교통수단에 대해

A: 우리 뭐 타고 가나요?

B: 버스 타고 가요.

상황 2 다른 교통수단에 대해

A: 우리 택시 타고 가요.

B: 이 시간에 차가 막히니까 그냥 지하철 타고 가요.

상황 3 뭐 타고 왔는지 물을 때

A: 뭐 타고 오셨어요?

B: 차 가지고 왔어요.

· 버스

'버스(bus)'는 중국어 음역을 '巴士 bāshì'라는 표현도 있지만 회화에서는 '公共汽车 gōnggòngqìchē'나 '公交车 gōngjiāochē'를 자주 씁니다. 여기서 '汽车 qìchē'는 '기차'가 아니라 '차'를 뜻하며, 기차는 '火车 huǒchē'라고 합니다.

Step 1 아래 발음을 천천히 읽어보고 무슨 뜻인지 적어보세요.

1. Zuò shénme qù? _______________________

2. Zuò dìtiě ba. _______________________

3. Dǎdī qù ba. _______________________

4. Nǐ zěnme lái de? _______________________

5. Kāichē guòlai de. _______________________

Step 2 다음 문장을 보고 중국어로 말할 수 있는지 체크해보세요.

1. 차 가지고 왔어요. ☑ ☐

2. 우리 뭐 타고 가나요? ☐ ☐

3. 택시 타고 가요. ☐ ☐

4. 지하철 타는 게 낫겠어요. ☐ ☐

5. 뭐 타고 오셨어요? ☐ ☐

Step 3 여러분은 오늘 어떤 교통수단을 이용하셨나요? 중국어로 간단하게
표현해보세요.

➜ _______________________.

周末过得怎么样?

주말은 잘 보내셨어요?

여러분은 지난 주말에 뭐하셨어요? 집에서 가족들과 함께 보내신 분도 있고, 여행을 다녀오신 분도 있을 겁니다. 이번 주말에는 뭘 하실 계획이신가요? 주말에 대한 얘기는 일상생활에서 지인들과 쉽게 나눌 수 있는 소재가 아닐까 싶은데요. 함께 배워보도록 할게요.

'주말'은 한자 그대로 '周末 zhōumò'라고 합니다. 일정이나 계획 등을 소개할 때는 '打算 dǎsuan'을 쓸 수 있습니다.

你周末做什么?　주말에 뭐하세요?
Nǐ zhōumò zuò shénme? [니 쩌우모 쭈어 션머]

我打算去看电影。　영화 보러 가려고요.
Wǒ dǎsuan qù kàn diànyǐng. [워 다쑤안 취 칸 띠엔잉]

我去旅行了。　여행 갔었어요.
Wǒ qù lǚxíng le. [워 취 뤼싱 러]

周末过得怎么样?　주말은 잘 보내셨어요?
Zhōumò guò de zěnmeyàng? [쩌우머 꾸어 더 쩐머양]

跟家里人一起过的。식구들하고 같이 보냈어요.
Gēn jiālirén yìqǐ guò de. [껀 지아리런(r) 이치 꾸어 더]

단어

周末 zhōumò 주말　做 zuò 하다　打算 dǎsuan ～할 예정이다

看 kàn 보다　电影 diànyǐng 영화　旅行 lǚxíng 여행(하다)

过 guò 지내다, 보내다　得 de 정도를 나타내는 구조조사

跟 gēn ～와　家里人 jiālirén 가족　一起 yìqǐ 함께

⏻ 我打算去看电影。

'打算 dǎsuan'은 '~할 계획이다, 예정이다'라는 뜻으로 동사 앞에서 조동사처럼 쓰입니다.

你打算做什么? 뭐하실 계획이세요?
Nǐ dǎsuan zuò shénme?

한 문장에 동사가 두 개 이상 나오는 것을 '연동문'이라고 하는데, 연동문은 일반적으로 동작이 행해지는 순서에 따라 씁니다.

去旅行 여행을 가다
qù lǚxíng

⏻ 周末过得怎么样?

'过 guò'는 '(시간을) 보내다, 지내다'라는 의미로 자주 쓰입니다. 동사 뒤에 '得 de'가 붙어 동사의 정도를 표현할 수 있습니다.

过得很好。 잘 지냅니다.
Guò de hěn hǎo.

⏻ 跟家里人一起过的。

'식구, 가족'은 한자 그대로 잘 쓰지 않고 '家人 jiārén' 혹은 '家里人 jiālirén'이라는 표현을 씁니다. '跟 gēn'은 '~와, ~과'라는 뜻의 전치사로 동작의 대상을 나타낼 때 자주 씁니다. '是~的'는 이미 발생한 일의 방식에 대해 서술할 때 자주 쓰이며, 회화에서는 '是'를 생략하는 경우가 많습니다.

상황 1 주말에 뭐할지에 대해

A: 你这个周末做什么？
Nǐ zhè ge zhōumò zuò shénme?

B: 我打算去看电影。
Wǒ dǎsuan qù kàn diànyǐng.

상황 2 주말에 뭐했는지에 대해

A: 上个周末做什么了？
Shàng ge zhōumò zuò shénme le?

B: 我去旅行了。
Wǒ qù lǚxíng le.

상황 3 주말을 어떻게 보냈는지에 대해

A: 周末过得怎么样？
Zhōumò guò de zěnmeyàng?

B: 还可以。
Hái kěyǐ.

단어

这 zhè 이번 上 shàng 지난
还 hái 그런대로 可以 kěyǐ 괜찮다

상황 1 주말에 뭐할지에 대해

A: 이번 주말에 뭐하세요?

B: 영화 보러 가려고요.

상황 2 주말에 뭐했는지에 대해

A: 지난 주말에 뭐하셨어요?

B: 저는 여행 갔었어요.

상황 3 주말을 어떻게 보냈는지에 대해

A: 주말은 잘 보내셨어요?

B: 그런대로요.

· 그런대로, 그럭저럭

'怎么样 zěnmeyàng'은 '어때요?'라는 뜻으로 상대방의 안부나 의향, 의견 등을 물어볼 때 자주 쓰입니다. 부정이나 긍정이 아닌 부분 긍정으로 '그런대로, 그럭저럭'이라는 표현은 '그런대로 괜찮다'라는 뜻의 '还可以 hái kěyǐ'나 '还行 hái xíng' 등을 써서 표현합니다.

'그냥 그렇다'는 '马马虎虎 mǎmǎhūhu'라는 표현을 자주 씁니다.

Step 1 아래 발음을 천천히 읽어보고 무슨 뜻인지 적어보세요.

1. qù kàn diànyǐng _______________________

2. qù lǚxíng _______________________

3. Guò de zěnmeyàng? _______________________

4. Gēn jiālirén yìqǐ guò de. _______________________

Step 2 다음 문장을 보고 중국어로 말할 수 있는지 체크해보세요.

1. 주말은 잘 보내셨어요? ☑ ☐

2. 여행 갔었어요. ☐ ☐

3. 주말에 뭐하세요? ☐ ☐

4. 식구들하고 같이 보냈어요. ☐ ☐

5. 영화 보러 가려고요. ☐ ☐

Step 3 여러분은 주말에 뭐하셨나요? 돌아오는 주말에는 뭐하실 예정인지
중국어로 간단하게 표현해보세요.

➡ _______________________.

중국의 다양한 교통수단

버스 公交车 gōngjiāochē; 公共汽车 gōnggòngqìchē

'bus'의 음역인 '巴士 bāshì'도 있지만, 일반적으로 표기할 때 주로 씁니다. '汽车 qìchē'는 '기차'가 아니라 '차'를 의미합니다.

택시 出租车 chūzūchē

'택시를 타다'는 '坐出租车 zuò chūzūchē'라고도 하지만, 'taxi'의 음역인 '的士'의 '的'를 써서 '打的 dǎdī'라는 표현도 자주 씁니다.

지하철 地铁 dìtiě

지하철(地下铁)에서 '下'를 빼고 '地铁 dìtiě'라고 합니다. 웬만한 대도시에는 거의 있으며, 소도시에도 많이 생겨나고 있습니다. 중국의 지하철은 공항검열대처럼 짐이나 가방이 있는 경우 검색대에 올려 통과해야 하는 곳도 있습니다.

기차 火车 huǒchē

중국의 기차는 고속철도(高铁)부터 일반열차까지 등급과 종류가 다양합니다.일반좌석인 '硬座 yìngzuò'와 푹신한 좌석인 '软座 ruǎnzuò', 일반 침대칸인 '硬卧 yìngwò', 방 하나에 침대가 4개가 들어 있는 '软卧 ruǎnwò'로 나뉘어 있습니다.

주요 조동사(能源动词: 능원동사)

想 xiǎng ～하고 싶다

- 我想喝咖啡。저는 커피가 마시고 싶어요.
  Wǒ xiǎng hē kāfēi.

- 我想去旅行。저는 여행을 가고 싶어요.
  Wǒ xiǎng qù lǚxíng.

要 yào ～하려고 하다; ～해야 한다

- 我要去中国。저는 중국에 가려고요.
  Wǒ yào qù Zhōngguó.

- 你要努力学习。당신은 열심히 공부해야 해요.
  Nǐ yào nǔlì xuéxí.

- 你要喝咖啡吗? 커피 드실래요?
  Nǐ yào hē kāfēi ma?

- 不用, 谢谢。아니요, 괜찮습니다.
  Búyòng, xièxie。

* '要'로 물어볼 때 부정의 대답은 '不要'를 쓰지 않고, '不用'을 자주 씁니다. '不要'는 '필요 없다'라는 뜻의 뉘앙스가 강하며, '～해서는 안 된다'라는 뜻으로도 자주 쓰입니다.

能 néng ～할 수 있다

- 今天你能来吗? 오늘 오실 수 있어요?
  Jīntiān nǐ néng lái ma?

- 你能帮我吗? 당신은 나를 도와줄 수 있어요?
  Nǐ néng bāng wǒ ma?

会 huì ~할 줄 알다; ~일 것이다

- 你会说汉语吗? 중국어 할 줄 아세요?

  Nǐ huì shuō Hànyǔ ma?

- 他会来的。그는 올 거예요.

  Tā huì lái de.

* '~일 것이다'라는 뜻의 추측이나 가능성을 나타낼 때는 회화에서 보통 뒤에 '的 de'와 함께 '会~的'의 형식으로 자주 씁니다.

可以 kěyǐ ~해도 좋다; 가능하다, 할 수 있다

- 我可以进去吗? 제가 들어가도 될까요?

  Wǒ kěyǐ jìnqù ma?

- 你可以参加吗? 참가할 수 있어요?

  Nǐ kěyǐ cānjiā ma?

* '可以'는 허락이나 허가를 구할 때 자주 쓰는데, 긍정의 대답은 '可以'나 '行 xíng'을 주로 쓰고, 부정의 대답으로는 '不行 bù xíng'을 자주 씁니다. '不可以 bùkěyǐ'는 굉장히 단호하게 불가능하다고 말하는 어감이기 때문에 조심해서 써야합니다.

得 děi ~해야 한다

- 我得走了。저 가봐야 해요.

  Wǒ děi zǒu le。

- 你得注意身体。건강 조심하셔야 해요.

  Nǐ děi zhùyì shēnǐ。

天气真好

날씨가 정말 좋네요

우리나라는 봄, 여름, 가을, 겨울 사계절이 뚜렷합니다. 중국의 경우도 남북의 차이가 심하기는 하지만, 사계절이 존재합니다. 날씨는 우리의 생활에 밀접한 영향을 끼치는데요. 사계절과 날씨에 관한 표현을 알아볼게요.

바로바로 써먹는 핵심 표현

날씨는 '天气 tiānqì'라고 하며 봄, 여름, 가을, 겨울은 '春夏秋冬'에 각각 '天'을 붙여서 표현합니다. 사계절의 날씨에 대해 익혀보세요.

天气真好。 날씨가 정말 좋네요.
Tiānqì zhēn hǎo. [티엔치 쪈 하오]

春天很暖和。 봄은 따뜻해요.
Chūntiān hěn nuǎnhuo. [춘티엔 헌 누안후어]

夏天很热。 여름은 덥네요.
Xiàtiān hěn rè. [시아티엔 헌 러(r)]

秋天很凉快。 가을은 시원해요.
Qiūtiān hěn liángkuai. [치우티엔 헌 리앙콰이]

冬天很冷。 겨울은 추워요.
Dōngtiān hěn lěng. [똥티엔 헌 렁]

단어

天气 tiānqì 날씨 真 zhēn 진짜 春天 chūntiān 봄
暖和 nuǎnhuo 따뜻하다 夏天 xiàtiān 여름 热 rè 덥다
秋天 qiūtiān 가을 凉快 liángkuai 시원하다, 서늘하다
冬天 dōngtiān 겨울 冷 lěng 춥다

⏻ 天气真好。

'날씨'는 '天气 tiānqì'라는 표현을 쓰며, 좋은 날씨를 표현할 때는 간단하게 '好'
로 표현할 수 있습니다. '真 zhēn'은 '진짜, 정말'이라는 뜻의 부사로 형용사 앞
에서 정도를 수식해줍니다.

真热。진짜 덥네요.
Zhēn rè.

真冷。진짜 춥네요.
Zhēnlěng.

真漂亮。진짜 예쁘네요.
Zhèn piàoliang.

*漂亮 piànliang 예쁘다

⏻ 春天很暖和。

'很 hěn'은 형용사 앞에서 정도를 수식해주는 부사로 사전적인 의미는 '아주,
매우'라는 뜻이 있지만, '很'을 크게 강조하여 발음하지 않는다면 그 의미가 강
하지 않습니다. '春天很暖和'는 '봄이 매우 따뜻하다'가 아니라 '봄이 따뜻하다'
정도의 의미입니다. 중국어는 형용사 자체로 술어문으로 쓰일 수 있는데, 이때
일반적으로는 홀로 쓰이지 않고 정도부사와 함께 쓰이는 경우가 많습니다. 그
중 가장 대표적인 것이 '很'이라고 볼 수 있습니다.

很便宜。싸네요.
Hěn piányi.

*便宜 piányi 싸다

很好吃。맛있네요.
Hěn hǎochī.

*好吃 hǎochī 맛있다

상황 1 날씨가 더울 때

A: 太热了。
Tài rè le.

B: 就是啊。
Jiùshi a.

상황 2 날씨가 추울 때

A: 天气越来越冷了。
Tiānqì yuèláiyuè lěng le.

B: 冻死我了。
Dòng sǐ wǒ le.

상황 3 바깥 날씨가 궁금할 때

A: 外边有雨吗?
Wàibian yǒu yǔ ma?

B: 有, 你带雨伞了吗?
Yǒu, nǐ dài yǔsǎn le ma?

단어

太~了 tài~le 너무 ~하다　就是啊。 Jiùshi a. 맞아요.
越来越 yuèláiyuè 점점 더 ~하다　冻 dòng 얼다
外边 wàibian 바깥　雨 yǔ 비　带 dài 가지다, 지니다　雨伞 yǔsǎn 우산

상황 1 날씨가 더울 때

A: 너무 덥네요.

B: 그러게요.

상황 2 날씨가 추울 때

A: 날씨가 점점 추워져요.

B: 얼어 죽겠어요.

상황 3 바깥 날씨가 궁금할 때

A: 밖에 비 와요?

B: 네, 우산 가져오셨어요?

·~死我了。

형용사 뒤에 '~死了 sǐ le'를 붙이면 형용사의 정도가 매우 심함을 강조합니다. 우리말의 '~해 죽겠다'라는 뜻입니다.

饿死了。 È sǐ le. 배고파 죽겠다.

累死了。 Lèi sǐ le. 힘들어 죽겠다.

·날씨를 표현할 때

비나 눈 등이 '내리다'는 '下 xià'를 써서 표현할 수도 있지만, '있다'라는 뜻인 '有 yǒu'를 써서 표현하기도 합니다.

Step 1 아래 발음을 천천히 읽어보고 무슨 뜻인지 적어보세요.

1. Tiānqì zhēn hǎo. _______________________________

2. Chūntiān hěn nuǎnhuo. _______________________________

3. Xiàtiān hěn rè. _______________________________

4. Qiūtiān hěn liángkuai. _______________________________

5. Dōngtiān hěn lěng. _______________________________

Step 2 다음 문장을 보고 중국어로 말할 수 있는지 체크해보세요.

1. 가을은 시원해요. ☑ ☐

2. 여름은 덥네요. ☐ ☐

3. 봄은 따뜻해요. ☐ ☐

4. 겨울은 추워요. ☐ ☐

5. 날씨가 정말 좋네요. ☐ ☐

Step 3 현재 날씨는 어떤지 간단하게 표현해보세요.

➡ _______________________________.

你喜欢吃什么菜?

어떤 음식을 좋아하세요?

여러분은 어떤 음식을 좋아하시나요? 지인들과 식사를 할 때 상대방이 어떤 음식을 좋아하는지, 본인은 어떤지, 혹은 맛이 어떤지에 대해 이야기할 때가 많은데요. 좋아하는 음식에 대해 표현하고, 맛에 대해 묻고 답하는 내용을 알아보도록 할게요.

'좋아하다'는 '喜欢 xǐhuan'을 쓰며, 상대방에게 의향이나 생각 등을 물어볼 때는 '怎么样 zěnmeyàng'을 쓰면 됩니다.

你喜欢吃什么菜?　어떤 음식을 좋아하세요?
Nǐ xǐhuan chī shénme cài? [니 시환 츠(ch)션머 차이]

中国菜怎么样?　중국 음식은 어때요?
Zhōngguócài zěnmeyàng? [쫑구어차이 쩐머양]

味道怎么样?　맛이 어때요?
Wèidao zěnmeyàng? [웨이따오 쩐머양]

挺好吃的。　맛있어요.
Tǐng hǎochī de. [팅 하오츠(ch) 더]

有点儿油腻。　조금 기름지네요.
Yǒudiǎnr yóunì. [요우디얼 요우니]

단어

菜 cài 요리, 음식　中国菜 Zhōngguócài 중국 음식
味道 wèidao 맛　挺~的 tǐng~de 꽤 ~하다
好吃 hǎochī 맛있다　有点儿 yǒudiǎnr 좀
油腻 yóunì 기름지다

⏻ 挺好吃的。

'好 hǎo'는 일부 동사 앞에 쓰여 동작의 만족스러움을 나타냅니다. '먹다'라는
뜻의 '吃 chī' 앞에 '好'가 붙어서 '맛있다'라는 의미가 됩니다.

好看 hǎokàn 보기 좋다
好听 hǎotīng 듣기 좋다
好玩儿 hǎowánr 재미있다

'挺 tǐng'은 형용사 앞에서 정도를 수식해주는 부사로 '꽤, 아주'라는 의미가 되
며, 일반적으로 문장 맨 끝에 '的 de'와 함께 쓰입니다.

挺好看的。아주 예쁘네요.
Tǐng hǎokàn de.
挺辣的。꽤 맵네요.
Tǐng là de.

⏻ 有点儿油腻。

'有点儿 yǒudiǎnr' 은 '좀, 조금'이라는 뜻으로, 형용사나 일부 감정동사 앞에 쓰
여 '좀 ~하다'라는 의미로 주관적인 느낌이나 감정을 표현할 때 자주 쓰입니다.

有点儿甜。좀 달아요.
Yǒu diǎnr tián.
有点儿小。좀 작네요.
Yǒu diǎnr xiǎo.

상황 1 어떤 음식을 좋아하는지 물어볼 때

A: 你喜欢吃什么菜?
Nǐ xǐhuan chī shénme cài?

B: 我喜欢吃清淡的。
Wǒ xǐhuan chī qīngdàn de.

상황 2 맛에 대해 물어볼 때

A: 味道怎么样?
Wèidao zěnmeyàng?

B: 好吃是好吃, 就是有点儿咸。
Hǎochī shì hǎochī, jiùshi yǒudiǎnr xián.

상황 3 입에 잘 맞는지 물어볼 때

A: 合你的口味吗?
Hé nǐ de kǒuwèi ma?

B: 挺好吃的。
Tǐng hǎochī de.

단어

清淡 qīngdàn 담백하다, 싱겁다
就是 jiùshi 단지 ~이다　咸 xián 짜다
合 hé 맞다　口味 kǒuwèi 입맞

상황 1 어떤 음식을 좋아하는지 물어볼 때

A: 어떤 음식을 좋아하세요?

B: 저는 좀 담백한 걸 좋아해요.

상황 2 맛에 대해 물어볼 때

A: 맛이 어때요?

B: 맛있기는 한데, 좀 짜네요.

상황 3 입에 잘 맞는지 물어볼 때

A: 입에 맞으세요?

B: 맛있네요.

· A是A, 就是有点儿~。

'A是A, 就是有点儿~'는 'A하기는 한데, 좀 ~하다'라는 뜻입니다.

好是好, 就是有点儿大。 좋긴 한데, 좀 크네요.
Hǎo shì hǎo, jiùshi yǒudiǎnr dà.

好看是好看, 就是有点儿贵。 예쁘긴 한데, 좀 비싸네요.
Hǎokàn shì hǎokàn, jiùshi yǒudiǎnr guì.

Step 1 아래 발음을 천천히 읽어보고 무슨 뜻인지 적어보세요.

1. Zhōngguócài ___________________________________

2. Wèidáo zěnmeyàng? ___________________________________

3. Tǐng hǎochī de. ___________________________________

4. Yǒudiǎnr yóunì. ___________________________________

Step 2 다음 문장을 보고 중국어로 말할 수 있는지 체크해보세요.

1. 맛있어요. ☑ ☐

2. 어떤 음식을 좋아하세요? ☐ ☐

3. 조금 기름지네요. ☐ ☐

4. 중국 음식은 어때요? ☐ ☐

5. 맛이 어때요? ☐ ☐

我去过一次北京

베이징에 한 번 가봤어요

여러분은 중국에 가보신 적이 있나요? 가보셨다면 중국 어느 지역에 가보셨어요? 중국 음식은 드셔본 적이 있으세요? 이번 파트에서는 과거의 경험을 묻고 답하는 표현에 대해 알아보도록 할게요.

동사 뒤에 '过 guo'를 붙이면 '〜한 적이 있다'라는 뜻으로 과거의 경험을 나타냅니다.

你去过中国吗?
중국에 가본 적 있으세요?
Nǐ qù guo Zhōngguó ma? [니 취꾸어 쫑구어 마]

我没去过。
가본 적 없어요.
Wǒ méi qù guo. [워 메이 취꾸어]

我去过一次北京。
베이징에 한 번 가봤어요.
Wǒ qù guo yí cì Běijīng. [워 취꾸어 이츠 베이징]

你吃过北京烤鸭吗?
베이징 오리구이를 먹어본 적 있으세요?
Nǐ chī guo Běijīng kǎoyā ma? [니 츠(ch)꾸어 베이징카오야 마]

我从来没看过。
저는 지금까지 본 적이 없어요.
Wǒ cónglái méi kàn guo. [워 총라이 메이 칸 꾸어]

단어

过 guo 〜한 적이 있다　中国 Zhōngguó 중국
次 cì 〜번, 〜차례　北京 Běijīng 베이징
烤鸭 kǎoyā 오리구이　从来 cónglái 여태껏　看 kàn 보다

⏻ 你去过中国吗?

동사 뒤에 '过 guo'가 붙으면 '~한 적이 있다'라는 뜻으로 과거의 경험을 나타냅니다. '过'는 원래 4성으로 'guò'라고 발음하지만, 동태(동작의 상태)조사로 쓰일 때는 경성으로 발음합니다.

你来过这儿吗? 여기 와보신 적 있으세요?

Nǐ lái guo zhèr ma?

你听过这首歌吗? 이 노래 들어보신 적 있으세요?

Nǐ tīng guo zhè shǒu gē ma?

⏻ 我没去过。

동사 뒤에 '过'가 붙는 문장의 부정은 앞에 '不 bù'를 붙이는 것이 아니고 '没 méi'를 써서 표현합니다.

我没吃过。 저는 먹어본 적이 없어요.

Wǒ méi chī guo.

⏻ 我去过一次北京。

'次 cì'는 '차례, 번'이라는 뜻으로 횟수를 나타내는데, [수사 + 次]는 일반적으로 일반목적어 앞에 위치합니다.

我吃了一次感冒药。 저는 감기약을 한 번 먹었어요.

Wǒ chī le yí cì gǎnmào yào.

 바로바로 써먹는 상황별 회화

상황 1 중국에 가본 경험에 대해 물어볼 때

A: 你去过中国吗?
Nǐ qù guo Zhōngguó ma?

B: 我去过一次上海。
Wǒ qù guo yí cì Shànghǎi.

상황 2 음식을 먹어봤는지 물어볼 때

A: 你吃过北京烤鸭吗?
Nǐ chī guo Běijīng kǎoyā ma?

B: 我没吃过。
Wǒ méi chī guo.

상황 3 언제 했는지 물어볼 때

A: 这是什么时候买的?
Zhè shì shénme shíhou mǎi de?

B: 是去年买的。
Shì qùnián mǎi de.

단어
上海 Shànghǎi 상하이
买 mǎi 사다 去年 qùnián 작년

상황 1 중국에 가본 경험에 대해 물어볼 때

A: 중국에 가본 적 있으세요?

B: 상하이에 한 번 가봤어요.

상황 2 음식을 먹어봤는지 물어볼 때

A: 베이징 오리구이를 먹어본 적 있으세요?

B: 먹어본 적 없어요.

상황 3 언제 했는지 물어볼 때

A: 이건 언제 산 거예요?

B: 작년에 샀어요.

· 北京烤鸭

'烤 kǎo'는 '굽다'라는 뜻이고, '鸭 yā'는 '오리'를 의미합니다. '烤鸭'는 오리구이를 말하는데, '北京烤鸭'가 유명합니다.

'北京烤鸭'로 유명한 음식점으로는 '全聚德 Quánjùdé'가 있는데, 베이징 지역은 물론 중국 각지, 세계 다른 지역에도 체인점이 있는 아주 유명한 식당입니다. 통째로 구운 오리구이를 밀전병에 소스와 파, 오이 등과 싸서 먹는데, 맛이 일품입니다.

Step 1 아래 발음을 천천히 읽어보고 무슨 뜻인지 적어보세요.

1. Nǐ qù guo Zhōngguó ma? _______________________

2. Wǒ méi qù guo. _______________________

3. Wǒ qù guo yí cì Běijīng. _______________________

4. Nǐ chī guo Běijīng kǎoyā ma? _______________________

5. Wǒ cónglái méi kàn guo. _______________________

Step 2 다음 문장을 보고 중국어로 말할 수 있는지 체크해보세요.

1. 베이징에 한 번 가봤어요. ☑ ☐

2. 중국에 가본 적 있으세요? ☐ ☐

3. 베이징 오리구이를 먹어본 적 있으세요? ☐ ☐

4. 가본 적 없어요. ☐ ☐

5. 저는 지금까지 본 적이 없어요. ☐ ☐

Step 3 여러분은 중국에 가보신 적이 있나요? 상황에 맞게 간단하게 대답을
해보세요.

➥ _______________________________________.

你足球踢得怎么样?

축구 잘하세요?

여러분은 어떤 운동을 좋아하시나요? 축구나 야구를 좋아하시는 분도 계실 테고, 탁구나 배드민턴을 좋아하시는 분도 계실 텐데요. 어떤 운동을 좋아하는지, 운동실력은 어떤지 등에 대해 표현하는 방법을 알아볼게요.

스포츠나 운동은 '运动 yùndòng'이라고 표현하며, 구기종목을 '하다' 는 손으로 하는 것은 주로 '打 dǎ'로, 발로 차는 것은 '踢 tī'로 표현합니다.

你喜欢什么运动?　무슨 운동 좋아하세요?
Nǐ xǐhuan shénme yùndòng? [니 시환 션머 윈똥]

我喜欢打乒乓球。　탁구를 좋아해요.
Wǒ xǐhuan dǎ pīngpāngqiú. [워 시환 다 핑팡치우]

你足球踢得怎么样　축구 잘하세요?
Nǐ zúqiú tī de zěnmeyàng? [니 주치우 티 더 쩐머양]

踢得不怎么样。　잘하지는 못해요.
Tī de bù zěnmeyàng. [티 더 뿌 쩐머양]

你会打棒球吗?　야구 할 줄 아세요?
Nǐ huì dǎ bàngqiú ma? [니 후에이 다 빵치우 마]

단어

运动 yùndòng 운동　打 dǎ 치다

乒乓球 pīngpāngqiú 탁구　足球 zúqiú 축구

踢 tī 발로 차다　得 de 정도를 나타내는 구조조사

不怎么样 bù zěnmeyàng 보통이다, 별로 좋지 않다

会 huì ~일 것이다　棒球 bàngqiú 야구

⏻ 我喜欢打乒乓球。

'打 dǎ'는 '때리다'라는 의미 외에 손을 이용해서 하는 동작을 가리키는 뜻으로 자주 쓰입니다. '打' 뒤에 손으로 하는 구기종목이 오면 '~을 플레이하다'라는 의미가 됩니다.

打棒球 dǎ bàngqiú 야구를 하다
打篮球 dǎ lánqiú 농구를 하다

⏻ 你足球踢得怎么样?

'踢 tī'는 '발로 차다'라는 뜻으로 주로 축구를 '하다'라는 의미로 자주 쓰입니다. 축구는 한자 그대로 쓰지 않고, '발 족' 자인 '足 zú'를 써서 '足球 zúqiú'라고 합니다. 운동이나 스포츠 등의 실력을 나타낼 때 동사 뒤에 得를 써서 주로 표현합니다. '怎么样' 대신에 '好吗'를 써서 표현할 수도 있습니다.

我乒乓球打得还行。 탁구는 그런대로 잘 쳐요.
Wǒ pīngpāngqiú dǎ de hái xíng.

⏻ 踢得不怎么样。

'不怎么样 bù zěnmeyàng'은 '어떠하지도 않다, 별로 좋지 않다'라는 의미로 자주 쓰입니다.

打得不怎么样。 잘 치지는 못해요.
Dǎ de bù zěnmeyàng.

상황 1 어떤 스포츠를 좋아하는지에 대해

A: 你喜欢什么运动?
Nǐ xǐhuan shénme yùndòng?

B: 我喜欢打羽毛球。
Wǒ xǐhuan dǎ yǔmáoqiú.

상황 2 스포츠 가능 여부에 대해

A: 你会打棒球吗?
Nǐ huì dǎ bàngqiú ma?

B: 不会，我只会看。
Búhuì, wǒ zhǐ huì kàn.

상황 3 스포츠 실력에 대해

A: 你足球踢得好吗?
Nǐ zúqiú tī de hǎo ma?

B: 踢得不怎么样。
Tī de bù zěnmeyàng.

단어

羽毛球 yǔmáoqiú 배드민턴
只 zhǐ 단지　看 kàn 보다

상황 1 어떤 스포츠를 좋아하는지에 대해

A: 무슨 운동 좋아하세요?

B: 저는 배드민턴 좋아해요.

상황 2 스포츠 가능 여부에 대해

A: 야구 할 줄 아세요?

B: 못해요, 볼 줄만 알아요.

상황 3 스포츠 실력에 대해

A: 축구 잘하세요?

B: 별로 잘하지는 못해요.

·기타 구기 종목

排球 páiqiú 배구

篮球 lánqiú 농구

网球 wǎngqiú 테니스

保龄球 bǎolíngqiú 볼링

高尔夫球 gāo'érfūqiú 골프

Step 1 아래 발음을 천천히 읽어보고 무슨 뜻인지 적어보세요.

1. Nǐ xǐhuan shénme yùndòng? ________________________

2. Wǒ xǐhuan dǎ pīngpāngqiú. ________________________

3. Nǐ zúqiú tī de zěnmeyàng? ________________________

4. Tī de bù zěnmeyàng. ________________________

5. Nǐ huì dǎ bàngqiú ma? ________________________

Step 2 다음 문장을 보고 중국어로 말할 수 있는지 체크해보세요.

1. 탁구를 좋아해요. ☑ ☐

2. 축구 잘하세요? ☐ ☐

3. 잘하지는 못해요. ☐ ☐

4. 야구 할 줄 아세요? ☐ ☐

5. 무슨 운동 좋아하세요? ☐ ☐

Step 3 여러분은 어떤 운동을 좋아하는지 간단하게 소개해보세요.

➡ ________________________________.

汉语很难，可是很有意思

중국어는 어렵지만, 재미있어요

여러분 영어 실력은 어떠세요? 중국어 실력은 조금 나아지셨나요? 중국어가 어렵긴 해도 재미있다고 생각하면서 공부하면 훨씬 더 좋은 성과가 있지 않을까 싶습니다. 어학 실력과 관련된 표현에 대해 알아볼게요.

'会 huì'는 '～할 줄 알다'라는 뜻으로 어학이나 스포츠 등을 할 줄아 는지 여부를 물어볼 때 자주 쓰입니다. 구체적인 실력을 표현할 때는 정도보어 '得 de'를 써주면 됩니다.

你会说英语吗?

영어 할 줄 아세요?

Nǐ huì shuō Yīngyǔ ma? [니 후에이 슈어 잉위마]

我会一点儿。

조금 할 줄 알아요.

Wǒ huì yìdiǎnr. [워 후에이 이디얼]

我不会说。

저는 (말을) 할 줄 몰라요.

Wǒ bú huì shuō. [워 부후에이 슈어]

我汉语说得不好。

중국어를 잘하지 못해요.

Wǒ Hànyǔ shuō de bù hǎo. [워 한위 슈어 더 뿌 하오]

汉语很难, 可是很有意思。

중국어는 어렵지만, 재미있어요.

Hànyǔ hěn nán, kěshì hěn yǒu yìsi. [한위 헌 난, 커스(sh) 헌요우 이쓰]

단어

会 huì ～할 줄 알다   说 shuō 말하다

英语 Yīngyǔ 영어   一点儿 yìdiǎnr 조금, 약간

汉语 Hànyǔ 중국어   难 nán 어렵다

可是 kěshì 그러나   有意思 yǒu yìsi 재미있다

⏻ 你会说英语吗?

'会 huì'는 '~할 줄 알다'라는 뜻으로 일반적으로 학습해서 할 수 있는 것을 표현할 때 자주 씁니다.

你会开车吗? 운전할 줄 아세요?
Nǐ huì kāichē ma?
你会做菜吗? 요리할 줄 아세요?
Nǐ huì zuòcài ma?

⏻ 我会一点儿。

'会 huì'가 동사 앞에서 조동사로 쓰기도 하지만, 동사로 '잘하다, 할 줄 알다'라는 의미로 쓰기도 합니다.

我不会。 저는 할 줄 몰라요.
Wǒ bú huì.

⏻ 汉语很难, 可是很有意思。

'可是 kěshì'는 '그러나, 그렇지만'이라는 뜻의 접속사로 전환이나 역접의 의미를 나타냅니다.

我想去, 可是没有时间。 가고 싶은데, 시간이 없네요.
Wǒ xiǎng qù, kěshì méiyǒu shíjiān.

상황 1 외국어 가능 여부에 대해

A: 你会说韩语吗?
Nǐ huì shuō Hányǔ ma?

B: 我会一点儿。
Wǒ huì yìdiǎnr.

상황 2 외국어 실력에 대해

A: 你汉语说得很好。
Nǐ Hànyǔ shuō de hěn hǎo.

B: 哪儿啊, 过奖了。
Nǎr a, guòjiǎng le.

상황 3 외국어 학습에 대해

A: 汉语难不难?
Hànyǔ nán bu nán?

B: 汉语很难, 可是很有意思。
Hànyǔ hěn nán, kěshì hěn yǒu yìsi.

단어

韩语 Hányǔ 한국어
哪儿啊 nǎr a 별말씀을요　过奖 guòjiǎng 과찬이다

상황 1 외국어 가능 여부에 대해

A: 한국어 할 줄 아세요?

B: 조금요.

상황 2 외국어 실력에 대해

A: 중국어 잘하시네요.

B: 별말씀을요, 과찬이세요.

상황 3 외국어 학습에 대해

A: 중국어 어려워요?

B: 중국어는 어렵지만, 재미있어요.

• 칭찬을 받았을 때?

만약 상대방이 여러분에게 '중국어 참 잘하시네요. 你汉语说得很好。 Nǐ Hànyǔ shuō de hěn hǎo.' 등의 칭찬을 한다면 뭐라고 답하면 좋을 까요? 우리말로 '고맙습니다'의 뜻인 '谢谢 Xièxie'를 쓸 수도 있겠지 만, 이는 겸양의 표현이 아니므로 일반적으로 '아니에요. 哪儿啊。 Nǎr a.', '과찬이세요. 过奖了。 Guòjiǎng le.'와 같은 표현을 주로 씁니다.

Step 1 아래 발음을 천천히 읽어보고 무슨 뜻인지 적어보세요.

1. Nǐ huì shuō Yīngyǔ ma?　__________________________

2. Wǒ huì yìdiǎnr.　__________________________

3. Wǒ bú huì shuō.　__________________________

4. Wǒ Hànyǔ shuō de bù hǎo.　__________________________

5. Hànyǔ hěn nán, kěshì hěn yǒu yìsi.　__________________________

Step 2 다음 문장을 보고 중국어로 말할 수 있는지 체크해보세요.

1. 중국어를 잘하지 못해요.　　☑　　☐

2. 저는 (말을) 할 줄 몰라요.　　☐　　☐

3. 조금 할 줄 알아요.　　☐　　☐

4. 중국어는 어렵지만, 재미있어요.　　☐　　☐

5. 영어 할 줄 아세요?　　☐　　☐

중국과 한류

중국 내 한류(韓流) 열풍은 오래되었습니다. 90년대 한국 드라마가 중국에 진출하고, K-pop이 중국에서 큰 인기를 끌면서 한류가 계속해서 이어졌습니다. '대장금(大长今)'을 모르는 중국인이 없을 정도로, '대장금'은 이미 드라마의 인기로 그친 것이 아니라 다양한 컨텐츠, 여행 상품 등으로까지 확산되었습니다. 2014년 중국을 들썩이게 했던 드라마는 바로 '별에서 온 그대(来自星星的你)'인데요. 당시 중국에는 '치맥'이 유행하며, 치킨 집에 줄을 서서 치킨을 사 먹는 사람이 생길 정도였습니다. 한류는 한국 예능프로그램까지 이어져, 상당히 많은 한국 예능프로그램이 중국에 수출되어 큰 인기를 끌고 있습니다.

한류는 일반적으로 한국에 대한 호감으로 이어지고, 한국 제품 구매로까지 연결된다는 기대를 갖게 하여, 많은 기업들이 한류스타를 광고 모델로 내세워서 효과를 톡톡히 보고 있습니다. 특히 중국인들이 아시아의 아름다움을 보여주는 한류스타를 보며 동질감을 느낄 수 있고 이를 통해 'K-뷰티열풍'까지 생겨나, 국내 화장품은 물론 성형 및 피부와 관련된 의료업계까지 호황을 누리고 있습니다.

인구 6,800만이 넘는 안후이(安徽)성 수도 허페이(合肥)시에 한국의 패션의류와 액세서리만을 전문적으로 판매하는 중국판 '동대문 패션타운'이 수출되기도 했습니다.

다양한 보어 정리

중국어는 보어가 굉장히 발달된 언어 중 하나인데요. 상당수의 보어들이 동사 뒤에서 동사를 설명해주는 경우가 많습니다. 우리말 어순과 차이가 있기 때문에 주의해서 사용해야 합니다.

정도보어: 동사 뒤에 '得 de'를 붙여서 동사의 정도를 나타냅니다.

정도보어의 순서는 보통 [주어 + (동사) + 목적어 + 동사 + 得~]입니다.

- 他游泳游得很好。 그는 수영을 잘합니다.

  Tā yóuyǒng yóu de hěn hǎo.

- 我汉语说得不太好。 저는 중국어를 그렇게 잘하지는 못합니다.

  Wǒ Hànyǔ shuō de bú tài hǎo.

- 我早饭吃得比较晚。 저는 아침을 좀 늦게 먹었어요.

  Wǒ zǎofàn chī de bǐjiào wǎn.

결과보어: 동사 뒤에서 동사의 결과를 나타냅니다.

- 你打错了。 잘못 거셨어요.

  Nǐ dǎ cuò le.

- 我吃完了。 저는 다 먹었습니다.

  Wǒ chī wán le.

- 你买到票了吗? 표 샀어요?

  Nǐ mǎidào piào le ma?

- 我没买到。 저는 못 샀어요.

  Wǒ méi mǎidào.

* 결과보어의 부정형식은 동사 앞에 '没'를 붙여줍니다.

가능보어: 동사 뒤에 '得'가 붙어서 동사의 가능을 나타내며, 부정은 不를 써서 표현합니다.

- 你听得懂吗? 알아들으시겠어요?
  Nǐ tīngdedǒng ma?
- 我听不懂。 무슨 말인지 못 알아듣겠어요.
  Wǒ tīng bu dǒng.
- 今天做得完吗? 오늘 다 끝낼 수 있겠어요?
  Jīntiān zuòdewán ma?
- 恐怕做不完。 아마 다 못 끝낼 것 같아요.
  Kǒngpà zuòbuwán.

방향보어: 동사 뒤에 '来'나 '去'가 붙어서 동작의 방향을 나타냅니다.

* '来'나 '去'는 경성으로 발음하는 경우가 많습니다.
- 他出去了。 그는 나갔어요(외출했어요).
  Tā chūqu le.
- 我马上上去。 제가 곧 올라갈게요.
  Wǒ mǎshàng shàngqu.
- 他回家去了。 그는 집에 갔어요.
  Tā huíjiā qù le.

* 방향보어가 장소를 나타내는 목적어와 함께 쓰이면, 목적어는 '去'나 '来'앞에 위치합니다.

그 밖의 시간의 양을 나타내는 시량보어, 동작의 양을 나타내는 동량보어도 일반적으로 동사 뒤에 위치합니다.

- 我看了一个小时。 저는 한 시간 봤어요.
  Wǒ kàn le yí ge xiǎoshí.
- 我去过一次。 저는 한 번 갔었어요.
  Wǒ qùguo yícì.

 부록

초급자를 위한 중국어 학습 방법에 대한 Tip

1. 컴퓨터 및 스마트폰에 중국어 입력 프로그램 설치하기

중국어를 잘하는 방법으로 단어를 외우고, 문장을 익히고, 직접 듣고, 읽고, 쓰고, 말하는 방법도 좋지만, 최근에는 스마트폰이나 컴퓨터를 활용하는 방법을 추천합니다. 일단 스마트폰이나 컴퓨터에 중국어 입력 프로그램을 설치하는 방법에 대해 알아볼게요.

1. 컴퓨터에서 중국어 입력 프로그램 설치

윈도우 체제나 사양에 따라 차이가 있을 수는 있지만, 기본적으로 아래와 같은 방법으로 설치합니다.

- '설정'을 누른 후 '제어판'에 들어갑니다.

- '국가 및 언어' 혹은 '언어' 설정에 들어갑니다.

- '키보드 추가'나 '언어 추가'를 클릭한 후, '중국어 간체(병음)'이나 '中文(中华人民共和国)' 등을 클릭하여 설정합니다.

웹페이지나 워드 등에서 글을 작성할 때는 오른쪽 하단의 '중국어 간체'를 클릭하여 작성하면 됩니다. 일반적으로 중국어 입력 변환 시에는 '中'이라고 표시되어 있습니다. 컴퓨터마다 차이가 있는데 입력 방법 전환을 위해서 명시된 단축기를 이용하면 좀 더 편리하게 입력하실 수 있습니다.

2. 스마트폰에서 중국어 입력 프로그램 설치

1) ios 운영체제

- '설정'을 누른 후 '일반'버튼을 클릭합니다.

- 하단 쪽의 '키보드'에 들어가, 다시 '키보드'를 클릭합니다.

- '새로운 키보드 추가'에서 '중국어(병음)-간체'를 클릭합니다.

2) 안드로이드 운영체제

– 스마트폰에서 구글마켓 'play스토어'에 접속합니다.

– 검색 창에 'google pinyin IME'를 검색 후 설치합니다.

– '환경설정'에 들어가 '언어 및 입력'을 클릭합니다.

– '谷歌拼音输入法(中文拼音)'을 체크합니다.

문자 또는 글을 작성할 때 키보드 모양의 아이콘이 나오는데, 그걸 아래로 드래그 하면, '입력 방식 선택'이 나옵니다. 이때 '中文拼音'을 체크하시면 중국어 입력이 가능합니다. 스마트폰의 기종이나 사양에 따라 입력 프로그램 및 설치 방법에는 차이가 있을 수 있습니다.

3. 중국어 입력 방법

한어병음을 소리 나는 대로 로마자 기호를 하나씩 입력하면서 중국어를 선택해주면 됩니다.

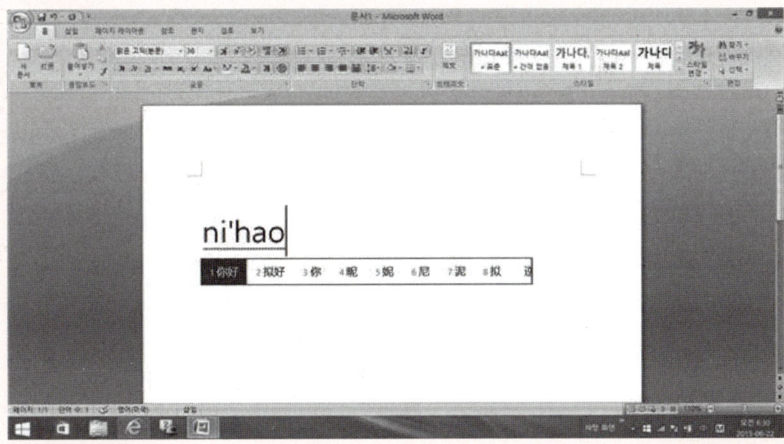

– '女 nǚ'처럼 ü 로 소리가 나는 것은 로마자 'v'로 입력합니다.

– '一点儿 yì diǎnr'처럼 '儿'은 한어병음 표기는 'r'로 하지만, 입력시에는 'er'로 입력해야 합니다.

4. 중국어 병음 입력 방법

일반적으로 중국인들은 글을 쓰거나 문서를 작성할 때 한어병음을 사용하지는 않습니다. 과제나 학습 등을 할 때 중국어병음 입력이 꼭 필요하다면 아래 몇 가지의 방법을 이용하실 수 있습니다.

1) 대표 포털 사이트의 '중국어사전'에서 '중국어 병음 입력기' 및 http://hanyu.iciba.com/pinyin '汉字转拼音'을 클릭하여 사용합니다.

2) 한컴 오피스 2010 버전 이상에서 '도구–글자판–글자판 바꾸기'를 클릭한 후 '중국어 간체, 병음'을 설정합니다. 오른쪽 하단 '中' 옆에 위치한 아이콘을 클릭한 후 '병음(성조)'를 클릭하면 병음을 입력할 수 있습니다.

예) 你好 ni3 ha3o
　　a>o, e>iu 순으로 모음에 성조를 표기하면 됩니다.

2. 중국어 단어 검색 및 간단한 문장 작성

중국어 단어는 일부 포털 사이트의 '중국어 사전'을 이용하시면 편리합니다.

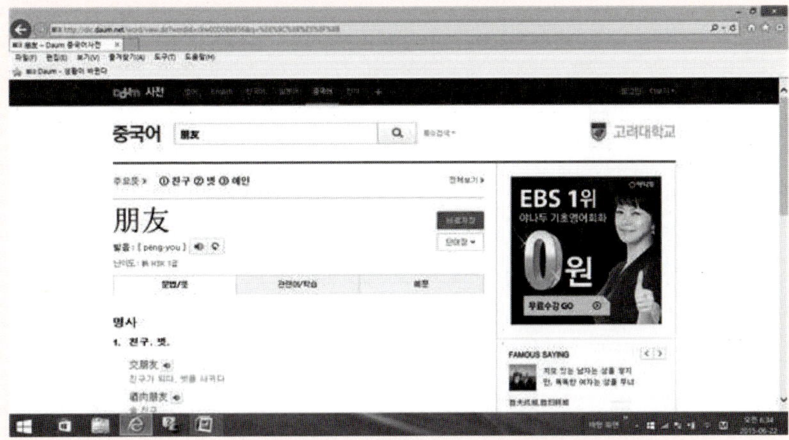

워드창에서 간단하게 문장 작성해보기

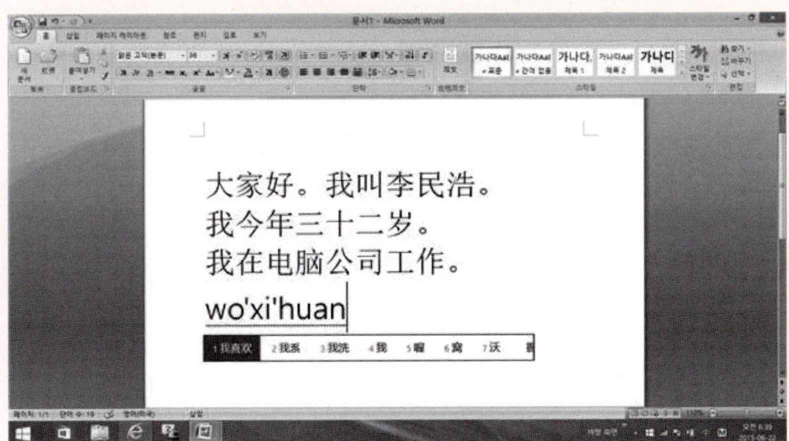

3. 중국어로 인터넷 검색 및 문자 및 모바일 메신저 보내기

중국 사이트에서 간단한 키워드로 인터넷을 검색해보세요.

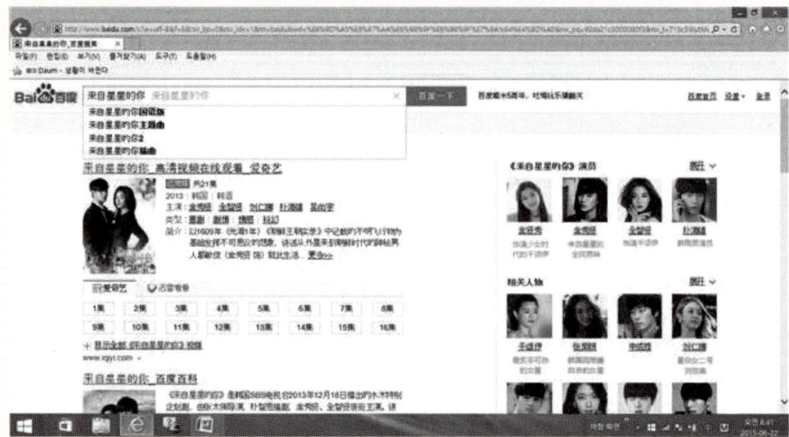

모바일 메신저 창에서 대화를 주고 받을 수도 있습니다.

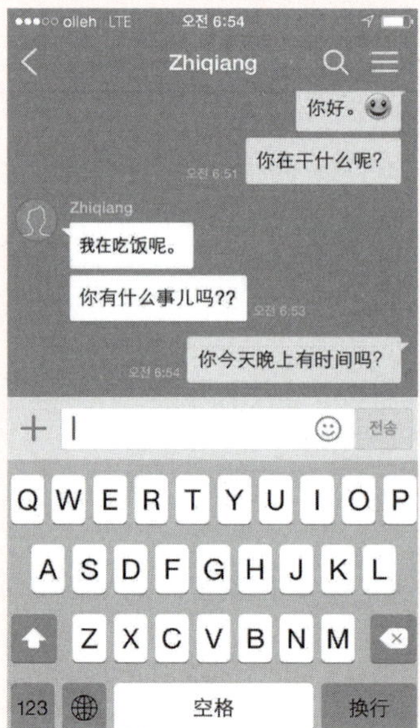

4. 중국어 노래로 중국어 공부하기

아래는 초급자들이 부르기 좋은 중국 노래 베스트 5입니다. 가사 및 원곡은 직접 검색해서 찾아보세요.

1. 등려군(邓丽君 Dènglìjūn)의 첨밀밀(甜蜜蜜 Tiānmìmì)

'첨밀밀 甜蜜蜜 Tiánmìmì'은 원래 인도네시아 민요에 중국어 가사를 입힌 것으로 영화 '첨밀밀'의 OST로 유명한 곡입니다.

2. 등려군(邓丽君 Dènglìjūn)의 월량대표아적심(月亮代表我的心 Yuèliangdàlbiǎo wǒ de xīn)

영화 '첨밀밀'의 OST 중 하나로, 국내에도 많은 가수들이 번안해서 부르고 연주곡으로도 많이 사용되는 곡입니다. '月亮代表我的心'은 '달빛이 나의 마음을 대신한다'라는 뜻으로, 중국인들이라면 모르는 사람이 없을 정도로 유명한 곡입니다.

3. 주화건(周华健 Zhōuhuájiàn) 의 친구(朋友 Péngyou)

'朋友'는 '친구'라는 뜻으로, 우리나라 가수 안재욱씨가 번안해서 불러서 익숙한 곡이기도 합니다. 중국에서 '朋友'는 단순히 친구의 개념보다는 서로 맘이 맞고, 뜻이 잘 통하는 넓은 의미의 '친구'로 쓰입니다. 술 한잔하면서 인생을 이야기 하자라는 내용으로, 회식 자리에서 부르기 좋은 곡으로 추천하는 노래이기도 합니다.

4. 양정영(梁静茹 Liángjìngrú)의 용기(勇气 Yǒngqì)

중국의 대표적인 인기 여가수의 하나인 '양정여'의 노래입니다. '勇气'는 '용기'라는 뜻으로, 사랑에는 용기가 필요하다는 내용이 담겨 있는 노래입니다. 부드럽고 잔잔한 멜로디의 발라드 곡으로 중국에서 많은 사랑을 받은 노래입니다.

5. 향향(香香 Xiāngxiāng)의 老鼠爱大米 Lǎoshǔ ài dàmǐ

이 곡은 원래 인터넷을 통해 알려진 곡으로, 가수 香香이 부르기 시작하면서 인기를 얻었다고 합니다. 우리나라 가수 이소은씨가 '사랑해요'라는 제목으로 리메이크해서 부르기도 했습니다. '쥐는 쌀을 좋아해'라는 다소 독특한 제목과 쉬운 가사와 멜로디로 많은 사람들에게 사랑을 받은 곡입니다.

중국어 첫걸음

FL4U컨텐츠 지음

+ 중국어 초보자, 유학생, 여행객들의 필독서
+ 일상생활에서 활용도 높은 문장 엄선 수록
+ 초보자를 위한 한글 발음표기, 사전식 구성

원어민이 녹음한
mp3 CD포함

自信滿滿 通^통 중국어

★ 여행, 유학, 비즈니스맨을 위한 필수 지참서

★ 처음 시작하는 사람도 즉석에서 활용 가능

★ 그림으로 익히는 중국어 필수 어휘 수록

★ 중국어 발음을 원음에 가깝게 한글로 표기